Impara il Portoghese Leggendo dei Brevi Racconti: 10 Storie in Portoghese e Italiano, con gli Elenchi dei Vocaboli

Copyright © 2019 by Language University

Tutti i diritti riservati. È vietata la riproduzione, totale o parziale, del presente libro senza autorizzazione scritta da parte dell'editore, fatto salvo il caso di brevi citazioni in recensioni del libro.

ISBN: 9798613520497
Pubblicazione: Autoedizione

Introduzione 5
Estória 1: Infância, adolescência e amizade 8
    Vocabulario 11
    Storia 1: Infanzia, adolescenza e amicizia 14
Estória 2: Uma grande família 17
    Vocabulario 20
    Storia 2: Una grande famiglia 23
Estória 3: Uma paixão pela música 26
    Vocabulario 29
    Storia 3: Una passione per la musica 33
Estória 4: A vida de uma família normal 36
    Vocabulario 38
    Storia 4: Vita di una famiglia normale 41
Estória 5: Viagem, Turismo e Férias 44
    Vocabulario 48
    Storia 5: Viaggi, turismo e vacanze 51
Estória 6: As ocupações 54
    Vocabulario 56
    Storia 6: I mestieri 59
Estória 7: Casamento 62
    Vocabulario 65
    Storia 7: Nozze 67
Estória 8: Correspondentes 70
    Vocabulario 75
    Storia 8: Corrispondenze 78
Estória 9: Uma paixão pela escrita 83
    Vocabulario 87

Storia 9: Una passione per la scrittura 91
Estória 10: Uma Noite com Amigos 95
Vocabulario...99
Storia 10: Una Serata tra Amici 102

Introduzione

Ci sono molti modi per immergerti completamente nel portoghese: prendere lezioni di portoghese, guardare film o serie TV coi sottotitoli portoghese, seguire corsi online, unirsi a una comunità in cui si parla portoghese, viaggiare in un paese di lingua portoghese, leggere libri...

Questo libro ti propone un modo semplice ma efficace per imparare il portoghese attraverso storie per principianti (livello A1 e livello A2).

Questo libro ti aiuterà a:

1. Imparare nuovi vocaboli
2. Apprendere nuove espressioni su argomenti specifici
3. Imparare il vocabolario della vita quotidiana, usato per comunicare con le persone attraverso i dialoghi
4. Imparare alcune frasi tipiche utilizzate frequentemente nei dialoghi in portoghese
5. Correggere e/o migliorare la tua pronuncia coi file audio
6. Migliorare le tue capacità di comprensione attraverso l'ascolto
7. Semplicemente migliorare il tuo portoghese, qualunque sia il tuo livello di padronanza

Le storie sono principalmente in presente indicativo in portoghese, in modo che i lettori possano apprendere più facilmente le basi della lingua attraverso i testi.

Ricorderete che il presente è utilizzato per fare descrizioni e affermazioni e per mettere in relazione fatti che accadono in un momento attuale.

Come utilizzare questo libro per migliorare il tuo portoghese.

1 - Leggi la storia senza guardare la traduzione col vocabolario. Cerca di capirla nel suo complesso.

2 - Leggila una seconda volta.

3 - Cerca di capire ogni frase del paragrafo.

4 - Leggi di nuovo la storia prendendo nota delle parole o del gruppo di parole che non capisci

5 - Guarda la lista dei vocaboli.

6 - Prova quindi a scrivere un riassunto della storia in portoghese.

Una parola in portoghese può avere molti significati. Ma quello giusto dipende dal contesto della storia. Non fare un'interpretazione errata dei significati delle parole.

Prima di leggere una storia, dovresti capire attentamente di cosa tratta il testo, leggerne il titolo e appuntarti l'argomento della storia.

Se non capisci una o più frasi, non preoccuparti. L'elenco dei vocaboli è tradotto per aiutarti.

Se impari il vocabolario, lo ricorderai per lungo tempo.

Come memorizzare il vocabolario imparato

Devi imparare e rivedere le parole molte volte. Puoi ricordare una nuova parola cercando di costruirci una frase. Devi ripetere e imparare la parola regolarmente e frequentemente, in modo che il tuo cervello la memorizzi. Leggi la storia più volte. Osserva come viene utilizzato il vocabolario nelle frasi. Leggi e riscrivi la traduzione del vocabolario per assimilare il significato delle parole.

In portoghese, le parole possono sembrare diverse a seconda del contesto.

Quando impari delle nuove parole in portoghese, è meglio imparare l'intera frase in cui viene utilizzato il vocabolario. Sarà più facile per te ricordarlo.

Quando impari il portoghese, ascoltare e leggere non sarà sufficiente. Avrai bisogno di parlare e pronunciare le frasi correttamente. Al terzo ascolto, prova a ripetere dopo il narratore.

Quindi ascolta ancora una volta leggendo il testo.

N.B. Quando impari una lingua, studiala e praticala tutte le volte che puoi.

Estória 1: Infância, adolescência e amizade

Jane e Michelle se conhecem desde a infância. Jane é loira e Michelle é **morena**. A mãe da Jane se chama Mel. A mãe da Michelle se chama Victoria. Victoria e Mel são amigas **há muito tempo**. Jane é a **melhor amiga** da Michelle.

Quando crianças, elas gostavam de **pular amarelinha, brincar de cozinha** e **jogar esconde-esconde**. Suas mães as levavam ao parque **com frequência**. Mel ama fazer panquecas de chocolate ou **torta de maçã**. Jane e Michelle também amam assistir **desenhos animados**. Elas amam assistir "Barbie" e **"O Rei Leão"** juntas.

Desde os onze anos, elas amam esportes. Elas amam **andar de bicicleta** e jogar basquete. Elas adoram **compartilhar segredos**. **Elas fazem a lição de casa** juntas. A **disciplina favorita** da Michelle é francês. A disciplina preferida da Jane é ciência.

Na escola, Jane tira **notas baixas** em matemática. **Ela tem aulas particulares. Jane e Michelle passam mais tempo estudando do que divertindo-se**. Michelle ajuda a Jane a estudar. Mel e Victoria **têm orgulho** de suas filhas. Para agradecê-las, elas vão de férias juntas e com suas famílias.

Desde o jardim de infância até o ensino fundamental, Jane e Michelle são **amigas muito próximas.**

Mas no Ensino médio, as duas **não estão tão próximas**. Elas **cresceram** e já **não se interessam pelas mesmas coisas**. Michelle está interessada em livros e muito **focada** nos seus **estudos**. Jane se interessa pela **moda**, popularidade no **ensino médio** e garotos. **Com o passar do tempo**, elas se tornaram **apenas conhecidas**.

Jane tem muitos amigos e uma nova melhor amiga: Lilly. O **namorado** da Jane se chama Lucas.

Michelle também tem uma nova **amiga**. Seu nome é Annie. Annie também **gosta de ler** como a Michelle.

Em uma tarde de sábado, Mel e Victoria convidaram suas **filhas** para ir ao cinema juntas. O filme é bom, mas **Jane e Michelle mal se falam**. Victória está **triste**. **Jane e Michelle já não são mais amigas.**

Em casa, Victoria fala com Michelle:

- Você e a Jane, **vocês brigaram**?
- Não, por quê?
- Você não fala mais com ela.
- Mas não, nós ainda nos falamos.
- Mas vocês já não são amigas.
- Nós não temos os mesmos **interesses.**
- **Convide-a para vir aqui em casa.**
- Não, obrigada.
- Mas por quê?
- Mãe, ela tem os amigos dela agora. E eu também, eu tenho a minha amiga. **Não importa** se já não somos amigas.
- Certo, eu entendo.

Uma tarde, Michelle caminha no parque. Ela vê a Jane chorando em uma cadeira.

- Oi Jane, **o que aconteceu?** Por que você está chorando?
- Oi Michelle. Lucas e sua família **se mudam** para outra cidade. **Nós terminamos o namoro.**
- Sinto muito por você.
- Obrigada.
- Onde estão os seus amigos?
- Eu não sei. Eles não estão aqui.

Jane sorri para Michelle e pergunta:

- E como você está?
- Estou bem, obrigada. Não fique aqui **sozinha**. Vamos **tomar uma bebida.**
- Não, obrigada. **Eu não quero incomodá-la.**
- Você não me incomoda. Eu a convido.
- Certo, certo. Obrigada, Michelle. Você é muito gentil.

As duas garotas vão ao restaurante. Elas pedem suco e crepes de chocolate. Jane conta seus problemas à Michelle. Lilly não é realmente amiga da Jane. Lilly é uma aproveitadora.

À noite, Jane se sente melhor. Ela conta à sua mãe sobre o seu dia.

Lucas vai embora. Jane esquece seu relacionamento com ele. Jane e Michelle começam a **passar tempo juntas**. Mel e Victoria estão felizes.

Um dia, **Victoria adoece**. Jane ajuda Michelle a **cuidar da** Victoria. Annie visita Victoria. Michelle apresenta sua amiga Annie à Jane. Jane está feliz em conhecê-la. Michelle convida a Annie para comer na sua casa. Annie aceita com prazer. Jane e Michelle **preparam a refeição**. As três garotas comem juntas ao meio-dia. A refeição é deliciosa.

Três dias depois, Victoria está **curada**. Jane convida Michelle e Annie para ir às compras. Annie recusa o convite. Ela precisa terminar sua lição de casa. Michelle aceita o convite com prazer. Jane e Michelle **compram** novos **vestidos**, sapatos e **calças**. Elas compram um lindo **colar** para a Annie. Michelle compra um **casaco** para a sua mãe. Jane compra uma **jaqueta** para sua mãe.

Perto do fim do **ano escolar, Jane reprova nos seus exames. Ela vai às aulas de recuperação.** Jane se arrepende. Ela pede para Michelle ficar com ela. Michelle diz à Jane que ela ainda é sua amiga. Jane decide parar de **negligenciar seus estudos**.

Jane e Michelle se tornam quase inseparáveis. **Michelle ajuda a Jane a ter sucesso em seus estudos.** Jane está feliz. Michelle e Jane se tornam amigas próximas como antes.

Vocabulario

Infância	Infanzia
Amizade	Amicizia
Morena	Mora
Há muito tempo	Da molto tempo
melhor amiga	Migliore amico/migliore amica (M/F)
pular amarelinha	Giocare a campana
brincar de cozinha	Giocare all'ora del tè
jogar esconde-esconde	Nascondino
com frequência	Spesso
torta de maçã	Una torta di mele
desenhos animados	Cartoni animati
O Rei Leão	Il Re Leone
andar de bicicleta	Andare in bici
compartilhar segredos	Condividere segreti
Elas fazem a lição de casa	Svolgono i compiti
disciplina favorita	Materia preferita
notas baixas	Brutti voti
Ela tem aulas particulares.	Lei prende lezioni private
Jane e Michelle passam mais tempo estudando do que divertindo-se	Jane e Michelle passano più tempo a studiare che a divertirsi
Têm orgulho	Sono orgogliose di
ensino fundamental	Scuole medie
amigas muito próximas	Amiche intime
adolescente(s)	Adolescente/i (M/0F)
não tão próximas	Meno vicine
Cresceram	Crescono (crescere)
não se interessam pelas mesmas coisas	Non hanno più gli stessi interessi
Focada	Concentrato/a (M/F)
Estudos	Studi
Moda	Moda

11

Ensino médio	Scuola superiore
Com o passar do tempo	Col tempo
Apenas conhecidas	Semplici conoscenti
Namorado	Ragazzo
Amiga	Amico intimo/amica intima (M/F)
gosta de ler	Ama leggere
filha(s)	Figlia(e)
Jane e Michelle mal se falam	Jane e Michelle parlano a malapena
Triste	Triste
Jane e Michelle já não são mais amigas	Jane e Michelle non sono più amiche
Vocês brigaram?	Avete litigato?
Interesses	Interessi
Convide-a para vir aqui em casa	Invitala a casa
Não importa	Non importa
O que aconteceu?	Che cosa succede?
Se mudam	Trasferirsi
Terminamos o namoro	Ci lasciamo
Sozinha	Da solo/sola (M/F)
Tomar uma bebida	Vieni a bere qualcosa con me
Eu não quero incomodá-la	Non voglio disturbarti
Passar tempo juntas	Trascorrere del tempo insieme
Victoria adoece	Victoria si ammala
Cuidar da	Prendersi cura di…
Preparam a refeição	Preparano da mangiare
Três dias depois	Tre giorni dopo
Curada	Guarita
Compram	Comprare
Vestidos	Abiti
Sapatos	Scarpe

Calças	Pantaloni
Colar	Collana
Casaco	Cappotto
Jaqueta	Giacca
Ano escolar	Anno scolastico
Jane reprova nos seus exames	Jane non passa i suoi esami
Ela vai às aulas de recuperação	Lei deve ripetere l'anno
Negligenciar seus estudos	Trascurare i suoi studi
Michelle ajuda a Jane a ter sucesso em seus estudos	Michelle aiuta Jane ad avere successo con gli studi

Storia 1: Infanzia, adolescenza e amicizia

Jane e Michelle si conoscono da quando erano piccoli. Jane è bionda, Michelle è **mora**. La madre di Jane si chiama Mel. La madre di Michelle è Victoria. Victoria e Mel sono amiche **da tanto tempo**. Jane è la **migliore amica** di Michelle.

Da bambine, amano **giocare a campana, all'ora del tè,** e a **nascondino**. Le loro madri le portano **spesso** al parco. Mel ama fare le frittelle al cioccolato, o la **torta di mele**. Jane e Michelle adorano anche guardare i **cartoni animati**. Amano guardare insieme "Barbie" e **"Il Re Leone"**.

Da quando hanno undici anni adorano veramente lo sport. Amano andare in **bici** e giocare a basket. Gli piace tanto anche **condividere i segreti**. **Fanno i compiti** insieme. La **materia preferita** di Michelle è il francese. Per Jane è scienze.

A scuola, Jane ha **brutti voti** in matematica. **Prende lezioni private. Jane e Michelle passano più tempo a studiare che a divertirsi.** Michelle aiuta Jane a studiare. Mel e Victoria **sono orgogliose delle** loro figlie. Per ringraziarle, vanno in vacanza insieme alle loro famiglie.

Dalle elementari fino alle **scuole medie**, Jane e Michelle sono **amiche intime**.

Al liceo però, le due ragazze sono **meno vicine. Crescono** e **non hanno più gli stessi interessi**. A Michelle interessano i libri, ed è molto **concentrata** sui suoi **studi**. A Jane invece interessa essere alla **moda**, farsi conoscere alle **scuole superiori** e i ragazzi. **Col tempo**, diventano **semplici conoscenti**.

Jane ha molte amiche, ed una nuova migliore: Lilly. Il **fidanzato** di Jane si chiama Lucas.

Anche Michelle ha una nuova **amica intima**. Il suo nome è Annie. Anche Annie **ama leggere** come Michelle.

Un sabato pomeriggio, Mel e Victoria invitano le loro **figlie** ad andare al cinema insieme. Il film è bello , ma **Jane e Michelle parlano a malapena.** Victoria è **triste. Jane e Michelle non sono più amiche.**

A casa, Victoria parla con Michelle:

- Tu e Jane **avete avuto una discussione**?
- No perchè?
- Non le parli più.
- Ma no, ci parliamo.
- Ma non siete più amiche.
- Non abbiamo gli stessi **interessi**.
- **Invitala a casa.**
- No, grazie.
- Ma perché?
- Mamma, ora ha i suoi amici. E anche io ho la mia migliore amica. **Non importa** se non siamo più amiche.
- Ok, capisco.

Un pomeriggio, Michelle cammina nel parco. Vede Jane piangere su una sedia.

- Ciao Jane, **che succede**? Perché stai piangendo?
- Ciao Michelle. Lucas e la sua famiglia **si spostano** in un'altra città. **Ci stiamo lasciando.**
- Mi spiace.
- Grazie.
- Dove sono le tue amiche?
- Non lo so. Non ci sono.

Jane sorride a Michelle e le chiede:

- E tu come stai?
- Sto bene, grazie. Non stare qui **da sola**. Vieni a **bere qualcosa con me**.
- No grazie. **Non voglio disturbarti**.
- Non mi dai fastidio. Ti sto invitando.
- Ok, ok. Grazie, Michelle. Sei davvero gentile.

Le due ragazze vanno al ristorante. Ordinano crepes al cioccolato e del succo. Jane racconta a Michelle i suoi problemi. Lilly non è veramente amica di Jane. Lilly è solo un'approfittatrice.

In serata, Jane si sente meglio. Racconta la sua giornata a sua madre.

Lucas se ne va. Jane dimentica la sua relazione con lui. Jane e Michelle iniziano a **trascorrere del tempo insieme**. Mel e Victoria sono felici.

Un giorno, **Victoria si ammala**. Jane aiuta Michelle a **prendersi cura di** Victoria. Annie visita Victoria. Michelle presenta la sua amica Annie a Jane. Jane è felice di incontrarla. Michelle invita Annie a mangiare a casa sua. Annie accetta con piacere. Jane e Michelle **preparano il pasto**. Le tre ragazze mangiano insieme a mezzogiorno. Il pranzo è delizioso.

Tre giorni dopo, Victoria è **guarita**. Jane invita Michelle e Annie a fare shopping. Annie ha rifiutato l'invito. Ha da finire i compiti. Michelle accetta l'invito con piacere. Jane e Michelle **acquistano** dei nuovi **abiti**, scarpe e **pantaloni**. Comprano una bellissima **collana** per Annie. Michelle prende un **cappotto** per sua madre. Jane compra una **giacca** alla sua.

Verso la fine dell'**anno scolastico, Jane non passa i suoi esami. Deve ripetere l'anno.** Jane è rammaricata. Chiede a Michelle di stare con lei. Michelle dice a Jane che è ancora sua amica. Jane decide di non **trascurare** più **i suoi studi**.

Jane e Michelle diventano quasi inseparabili. **Michelle aiuta Jane ad avere successo con gli studi.** Jane è felice. Michelle e Jane diventano amiche intime come prima.

Estória 2: Uma grande família

Lea vem de uma **grande família**. Ela tem três **irmãos**. O nome do seu pai é George. O nome da sua mãe é Lydie. O casamento entre George e Lydie é **um casamento arranjado**.

Sua primeira filha **nasceu** um ano depois do **casamento**. Sua **filha mais velha** se chama Maria. Richard é o segundo filho. Ele tem o mesmo nome que o seu **bisavô**, o pai do seu avô. Léa é a terceira filha dos seus pais. Gina é a **irmã mais nova** da Léa. Gina é a **mais nova** da família. **Ela se parece muito com sua mãe.**

Lea tem sete **primos de primeiro grau** do lado do seu pai, quatro meninas e três meninos. E ela tem sete primos de primeiro grau do lado da sua mãe, cinco meninas e dois meninos. Léa e seus irmãos são próximos à sua **família materna**. Leah e Gina com frequência visitam sua **Tia** Jocelyne: **a irmã mais nova** da Lydie. Sua avó materna é muito **gentil**. Sua avó paterna é rígida. Ambos os seus avôs já **faleceram**.

Luc é um amigo da família. Ele também é o **vizinho**. Luc é um **pai solteiro**. O nome da sua filha é Catherine. A Catherine é **filha única**. E ela é uma **órfã materna**. Léa e Catherine são muito próximas. Leah é **quase** uma irmã para a Catherine.

Alguns membros da família do George vivem **no exterior**. O irmão mais velho do George mora na França. Sua esposa é francesa. Duas crianças de **raça mista** nasceram de sua união. Todos os anos, George organiza uma grande festa na qual toda a família se reúne. George está feliz de ver seus irmãos e irmãs, assim como seus **sobrinhos** e sobrinhas.

Depois de dez anos de casamento, George e Lydie começaram a discutir frequentemente. Eles têm **problemas conjugais**. Lydie **está atraída ao** Luke. George tem uma **amante**. Seu nome é Gisèle. Ela tem trinta anos de idade. **George e Lydie já não se amam.** Seu casamento é um erro. Eles estão se divorciando. Seus filhos estão **chateados**. Mas esta é a melhor decisão a se tomar.

George deixa a casa. Ele se muda para a casa da Gisele. Gina está **chorando**. Lydie explica que seu pai já não vive com eles. Mas que ele ainda ama a Gina e seus irmãos. Lea **consola** sua irmãzinha. **Richard a carrega em seus braços**. George continua sendo amigo da sua **ex-esposa**. **Lydie começa um relacionamento romântico com Luke.**

Seis meses depois, George se casa novamente. Ele convida a Lydie, Luc e os filhos para o seu casamento. Mas Lydie não quer ir. Gina e Luke ficam em casa com Lydie. Maria, Richard e Léa vão ao casamento.

Lydie e Luc vivem em **coabitação** com seus filhos. Lea está satisfeita por viver com a Catherine. Além disso, Léa ama o Luc. Ele é como um segundo pai para ela. A antiga casa de Luc e Catherine está **para alugar**.

Os novos **inquilinos** são um casal de idosos **aposentados**: Christophe e Christine Wilson. Eles estão sozinhos. Seus filhos e **netos** moram no exterior há anos. Para dar as boas-vindas a Christophe e Christine, Maria prepara um lindo **bolo para eles**. Christine agradece com **carinho**. Ela convida a Maria e todas as crianças para **experimentarem** o bolo com seu **marido**. Maria chama o Richard, Leah, Gina e Catherine para comerem bolo na casa dos Wilson. Maria os apresenta aos novos vizinhos.

Gisele engravida. Nove meses depois, **Gisele dá à luz ao seu primeiro filho**. Seu nome é Lionel. A irmãzinha do Lionel nasce após **um ano e meio**. Seu nome é Prisca. Ela é loira como sua mãe.

O tempo passa. As crianças crescem. Os mais velhos se tornam jovens adultos e os mais novos se tornam adolescentes. Leah se dá bem com seu **meio-irmão** e sua meia-irmã. Com Gina, ela os convida a comer pizza juntos. Leah e Gina se conhecem melhor. Logo, uma amizade nasce entre as duas.

Nesse meio tempo, sentimentos começam a aparecer entre Richard e Catherine. **Eles se apaixonam**. Mas **eles têm medo** da reação de Luc e Lydie. Eles escondem seu relacionamento de todos **menos** Léa. Mas mais cedo ou mais tarde, Luc e Lydia **descobrem** o relacionamento dos dois **pombinhos**. Os pais aprovam o relacionamento.

Um ano mais tarde, **Richard pede a mão de Catherine em casamento**. Catherine **pula** nos braços de Richard e aceita. Richard e Catherine organizam seu **noivado**. Lea está feliz. Sua melhor amiga se tornou sua **cunhada**. Leah ajuda seu irmão a escolher um **anel de noivado** para a Catherine. Durante a festa de noivado, George convida sua **nora** para dançar. Seu **neto** nasceu doze meses depois. Seu nome é Peter. Peter tem os olhos da sua mãe, Catherine.

Após um tempo, é a vez da Maria casar-se. Seu marido é um **homem bonito**, alto e rico. Seu nome é John Jackson. Infelizmente, o casal não pode ter filhos. A mãe do John está **chateada** com esta situação. Seu filho único deve ter um **herdeiro. Maria está sob muita pressão** dos seus **sogros**. Ela **se pergunta** se deve se separar do John. John diz para ela nem pensar nisto. Ela é sua esposa e ele a ama. Eles precisam **lidar com o problema** juntos. Para resolver o problema, John e Maria adotam um filho. E três anos mais tarde, um milagre acontece. Maria acaba engravidando. Ela dá à luz a uma linda menininha: Lucia.

Vocabulario

Uma grande família	Una grande famiglia
irmãos	Fratelli
um casamento arranjado	Un matrimonio combinato
Nasceu	Nato
Casamento	Nozze
Filha mais velha	Primogenita
Bisavô	Bisnonno
Irmã mais nova	Sorella minore
Mais nova	Più piccola
Ela se parece muito com sua mãe	(Lei) assomiglia molto a sua madre
Primos de primeiro grau	Cugino(i) di primo grado
Família materna	La famiglia della loro madre
Tia	Zia
Irmã mais nova	La sorella minore
Gentil	Gentile (M/F)
Faleceram	Morto(i)
Vizinho	Un vicino di casa
Pai solteiro	Padre single
Filha única	Figlio unico
Órfã materna	Orfana di madre
Quase	Quasi
No exterior	All'estero
Raça mista	Etnia mista
Sobrinhos	Nipote(i)
Problemas conjugais	Problemi di coppia
Está atraída	Attratta da
Amante	Amante
George e Lydie já não se amam	George e Lydie non si amano più
Chateados	Arrabbiato(i)
Chorando	Piangere
Consola	Rasserenare

Richard a carrega em seus braços	Richard la prende tra le braccia
Ex-esposa	Ex moglie
Lydie começa um relacionamento romântico com Luke	Lydie inizia una relazione romantica con Luke
Coabitação	Convivenza
Para alugar	In affitto
Inquilinos	Inquilino(i)
Aposentados	Pensionato(i)
Netos	Nipoti
Bolo	Torta
Com carinho	Calorosamente
Experimentarem	Assaggiare
Marido	Marito
Gisele engravida	Gisèle rimane incinta
Gisele dá à luz ao seu primeiro gilho	Gisèle partorisce il suo primo figlio
Um ano e meio	Un anno e mezzo
O tempo passa	Il tempo passa
Meio-irmão	Fratellastro
Nesse meio tempo	Nel frattempo
Sentimentos	Sentimenti
Eles se apaixonam	Si innamorano
Eles têm medo	Sono spaventati
Menos	Tranne che
Descobrem	Scoprono
Pombinhos	Piccioncini
Richard pede a mão de Catherine em casamento	Richard chiede a Catherine di sposarlo
Pula	Saltare (salta)
Noivado	Fidanzamento
Anel de noivado	Anello di fidanzamento
Nora	Nuora
Cunhada	Cognata

Neto	Nipote
Homem bonito	Uomo affascinante
Chateada	Seccato/a
Herdeiro	Erede
Maria está sob muita pressão	Maria subisce molte pressioni
Sogros	Suoceri
Se pergunta	Domandarsi
Lidar com o problema	Affrontare il loro problema

Storia 2: Una grande famiglia

Lea viene da una **grande famiglia**. Ha tre **fratelli**. Il nome di suo padre è George. Sua madre è Lydie. Il matrimonio tra George e Lydie è **combinato**.

Il loro primo figlio è **nato** un anno dopo le loro **nozze**. La loro **primogenita** si chiama Maria. Richard è il secondo figlio. Ha lo stesso nome del suo **bisnonno**, il nonno di suo padre. Léa è la terza. Gina è la **sorella minore** di Léa. Gina è la **più piccola** della famiglia. **Assomiglia molto a sua madre.**

Lea ha sette **cugini di primo grado** dalla parte di suo padre, quattro ragazze e tre ragazzi. Ne ha anche sette materni, cinque ragazze e due ragazzi. Léa e i suoi fratelli sono più vicini **alla parte materna della famiglia**. Leah e Gina visitano spesso la loro **Zia** Jocelyne: **la sorella più piccola** di Lydie. La loro nonna materna è molto **gentile**. La paterna è severa. I due nonni sono già **morti**.

Luc è un amico di famiglia. È anche un **vicino di casa**. Luc è un **padre single**. Sua figlia si chiama Catherine. È **figlia unica**. Ed è anche **orfana di madre**. Léa e Catherine sono molto vicine. Leah è **quasi** come una sorella per Catherine.

Alcuni membri della famiglia di George vivono **all'estero**. Suo fratello maggiore vive in Francia. Sua moglie è francese. Due figli di **etnia mista** sono nati dalla loro unione. Ogni anno, George organizza una grande festa in cui tutta la famiglia si incontra. George è felice di vedere i suoi fratelli e sorelle, così come i suoi **nipotini** e nipotine.

Dopo dieci anni di matrimonio, George e Lydie iniziano a discutere spesso. Hanno **problemi di coppia.** Lydie è **attratta da** Luke. George ha una **amante**. Il suo nome è Gisèle. Ha trent'anni. **George e Lydie non si amano più.** Il loro matrimonio è un errore. Stanno divorziando. I loro figli sono **arrabbiati**. Ma è la migliore decisione possibile.

George lascia la casa. Si trasferisce da Gisele. Gina **piange**. Lydie le spiega che suo padre non vive più con loro, ma ama ancora Gina e i suoi fratelli. Lea **rasserena** la sua sorellina. **Richard la prende tra le**

braccia. George rimane in buoni rapporti con la sua **ex moglie**. **Lydie inizia una relazione romantica con Luke**.

Sei mesi dopo, George si risposa. Invita Lydie, Luc e i bambini al suo matrimonio. Lydie però non vuole venire. Gina e Luke restano a casa con Lydie. Maria, Richard e Léa partecipano al matrimonio.

Lydie e Luc iniziano una **convivenza** assieme ai loro figli. Lea è felice di vivere con Catherine. E poi, adora Luc. È come un secondo padre per lei. La vecchia casa di Luc e Catherine è **da affittare**.

I nuovi **inquilini** sono una vecchia coppia di **pensionati**: Christophe e Christine Wilson. Sono soli. I loro figli e **nipoti** vivono tutti all'estero da anni. Maria prepara una bella **torta** per accogliere Christophe e Christine. Quest'ultima la ringrazia **calorosamente**. Invita quindi Maria e tutti gli altri bambini a **gustarsi** la torta con suo **marito**. Maria chiama Richard, Leah, Gina e Catherine a mangiare la torta da Wilson. Maria li presenta ai nuovi vicini.

Gisele rimane incinta. Nove mesi dopo, **partorisce il suo primo figlio**. Il suo nome è Lionel. La sua sorellina più piccola nasce dopo **un anno e mezzo**. Si chiama Prisca. È bionda come sua madre.

Il tempo passa. I bimbi crescono. I più grandicelli diventano giovani adulti, e i più piccoli adolescenti. Leah va d'accordo col suo **fratellastro** e la sorellastra. Assieme a Gina, li invita a mangiare le pizze insieme. Leah e Gina li conoscono meglio. Presto, tra loro nascerà un'amicizia.

Nel frattempo, nascono dei **sentimenti** tra Richard e Catherine. **Si innamorano.** Ma **sono spaventati** della reazione di Luc e Lydie. Nascondono la loro relazione a tutti, **eccetto** Léa. Eventualmente però, Luc e Lydia **scoprono** il rapporto tra i due **piccioncini**. I loro genitori approvano la relazione.

Un anno dopo, **Richard chiede a Catherine di sposarlo**. Catherine **salta** tra le braccia di Richard e accetta. Richard e Catherine organizzano il loro **fidanzamento**. Lea è felice. La sua migliore amica diventa sua **cognata**. Leah aiuta suo fratello a scegliere un **anello di fidanzamento** per Catherine. Durante la festa di fidanzamento,

George invita la sua **cognata** a ballare. Suo **nipote** nasce dodici mesi dopo. Il suo nome è Peter. Peter ha gli occhi di sua madre Catherine.

Dopo un po', è il turno di Maria di sposarsi. Suo marito è un **uomo affascinante**, alto e ricco. Il suo nome è John Jackson. Sfortunatamente, la coppia non può avere figli. La madre di John è **irritata** dalla situazione. Il suo unico figlio deve avere un **erede. Maria subisce molte pressioni** dai suoi **suoceri.** Si **domanda** se dovrebbe lasciare John. Lui le dice di non pensarci mai. È sua moglie e la ama. Dovranno **affrontare il loro problema** insieme. Per risolverlo, John e Maria adottano un figlio. Tre anni dopo, accade un miracolo. Maria alla fine rimane incinta. Da alla luce una splendida bimba: Lucia.

Estória 3: Uma paixão pela música

Cantar é o **passatempo** favorito do Christian. O nome da sua mãe é Jeanne. O nome do seu pai é Alain. Entre seus dois e quatro anos de idade, Christian ama **ouvir rimas de ninar**. Ele gosta de **cantarolá-las**. Aos cinco anos, Christian pode **ler**. Ele gosta de **brincar de karaokê**.

Aos nove anos, ele participa de um **concurso de canto** para crianças. Christian é muito talentoso. Os membros do júri estão impressionados. Christian está **entre** os finalistas do concurso. **O vencedor do concurso** é um menino de doze anos. **Christian fica em segundo lugar**. Ele ganha um **video game**, uma bicicleta, **dinheiro** e **férias no exterior**. Ele também ganha uma entrada para a Disneylândia.

Alain e Jeanne estão muito orgulhosos do seu filho. Eles **o parabenizam** e **o beijam**.

Alain e Jeanne estão organizando uma grande **festa** para o décimo aniversário do Christian. Eles convidam toda a família e alguns **colegas de classe**. Às quatro horas, **Christian faz um pedido**. Então **ele assopra as velas** do bolo de aniversário. **Todos** aplaudem. Os convidados oferecem **presentes** ao Christian.

Às seis horas, a festa termina. As pessoas estão indo para casa. Os pais do Christian os agradecem. **Christian abre seus presentes**. Christian **ganha** novos sapatos, novas **roupas** e novos **brinquedos**. Seus pais o oferecem **patins**.

Para o jantar, Jeanne prepara seu **prato favorito**. Às oito horas, eles jantam. Eles comem macarrão com **queijo**.

Christian vê um velho violão **no armário**. **Christian aprende sozinho a tocar o violão**. Sua mãe **percebe**. Ela compra um novo violão para ele. **Ela procura** uma escola de música para o seu **filho**. Christian começa a ter **aulas de violão**.

Aos onze anos, Christian canta em uma festa na sua escola. Um **professor de canto** percebe. **Ele cumprimenta o Christian** e seus pais. E então ele se apresenta. Ele é professor de canto há vinte e cinco anos. Christian tem uma linda voz. Cyril quer ensiná-lo a cantar. Jeanne e Alain aceitam a proposta. É uma ótima oportunidade. Christian conhece outra estudante do Cyril. Seu nome é Anna. Anna toca piano. **Christian e Anna têm a mesma idade. Eles se tornam amigos.**

Aos doze anos, Christian entra na sexta série. No ensino fundamental, ele tem notas baixas. Christian está muito focado na música e no canto. Seu pai pede que ele foque nos estudos. Christian **abandona** a música. Ele consegue melhores notas na escola.

Aos dezesseis, Christian entra no ensino médio. Ele aprende a **gerenciar seu tempo** para **hobbies** e estudar. Ele continua com a música e o canto. No ensino médio, Christian conhece outros jovens. Eles também fazem música. Ken toca guitarra. E Nick toca bateria. **Christian se dá bem com Nick e Ken**. Nick convida Christian e Ken para tocarem juntos. Ele tem um estúdio em casa. **Ele tem uma bateria**, um violão e um sintetizador. Christian convida a Anna para tocar com eles.

No sábado de manhã, Christian, Ken e Anna vão à casa do Nick. Nick apresenta seus novos amigos aos seus pais. O pai do nick é um ex-**baterista**. Sua mãe é uma ex-**corista**. Sua **irmã mais velha** toca o **violino**. Nick vem de uma família de artistas.

Os quatro jovens entram no estúdio. Todos tocam seu instrumento musical. Eles tocam **canções famosas**. Christian e Anna estão cantando **ao mesmo tempo**. A mãe do Nick oferece **suco** a todos. Os quatro jovens se tornam inseparáveis. O amor pela música os une.

Alguns meses depois, Cyril os convida para animar uma festa. Christian, Anna, Nick e Ken estão animados. Mas **eles têm medo do palco. Anna se encabula**. Ken está **suando**. Nick tem uma **dor no estômago. As mãos do Christian tremem**. Ele e seus amigos tocam **no palco** pela primeira vez. Seus pais e familiares estão presentes.

Finalmente, **tudo vai bem**. O **sistema de som** é impecável. Os **cantores** cantam bem. A lista de canções é bem escolhida. Todos estão satisfeitos. O grupo é parabenizado pelo público. Cyril está feliz com sua **performance**. Ele lhes oferece um **pagamento**.

Anoitece. Christian está com uma fome de leão. Alain quer **comemorar** seu primeiro **sucesso**. Ele convida os quatro músicos ao restaurante. Ele também convida o Cyril.

O tempo passa. Christian e seus amigos terminam o ensino médio. Anna deixa o país. Ela continua a estudar no exterior. **Seus estudos duram vários anos.** Christian está **muito triste. Seu coração está partido.**

Christian acorda no meio da noite. Ele está inspirado pela partida da sua amiga. Ele pega um papel e **caneta**. Ele escreve a **letra** de uma música. Então Christian pega seu violão. Ele compõe a melodia da canção. É uma canção melancólica. O primeiro **verso fala** de um amor impossível. O segundo verso fala da separação. O **refrão descreve** os sentimentos do cantor.

No próximo dia, Christian canta sua canção com seu violão. Ken, Nick, Cyril, Jeanne e Alain o escutam. **Os pais do Christian estão emocionados com a canção**. É uma canção muito **comovente**. E é uma linda declaração de amor. Ken e Nick amam a canção.

Os três jovens começam suas carreiras profissionais na música. Eles contratam uma nova pianista. Seu nome é June. June é a sobrinha do Cyril. Christian, Nick, Ken e June criam sua banda. Eles a chamam de "Ong'Stu". Então **eles gravam** a **canção** do Christian. O **título da canção** é "Para você". Um mês depois, **eles lançam seu primeiro single**. Em alguns dias, a canção se torna **um hit**. Christian dedica a canção à Anna. Anna está emocionada. Ela agradece o Christian.

Cyril compõe três canções para a banda Ong'Stu. Chrisitan e June também compõem outras canções. Alain e Cyril os ajudam.

Seis meses depois, Christian, June, Nick e Ken lançam seu primeiro álbum de canções. Seis semanas depois, eles fazem seu primeiro show. **Os fãs enchem o auditório.** Os fãs **sabem as canções de cor**. O show dura uma hora e meia.

Christian pensa na Anna. **Seu sonho se tornou realidade.**

Vocabulario

Cantar	Cantare
Passatempo	Passatempo, hobby
Ouvir	Ascoltare
Rimas de ninar	Filastrocca(che)
Cantarolá-las	Canticchiare
Ler	Leggere
Brincar de karaokê	Cantare al karaoke
Concurso de canto	Una gara di canto
Entre	Tra
O vencedor do concurso	Il vincitore del concorso
Christian fica em segundo lugar	Christian vince il secondo premio
Ele faz aulas de música	Prende lezioni di musica
video game	Una console da gioco
dinheiro	Soldi
férias no exterior	Vacanze all'estero
Parabenizam	Congratularsi
Beijam	Baciano
Festa	Festa
Colegas de classe	Compagno(a/i) di classe
Faz um pedido	Esprimere un desiderio (Christian esprime un desiderio)
Assopra as belas	Soffiare le candeline (lui soffia le candeline)
Todos	Tutti
Presente(s)	Regalo(i)
Abre seus presentes	Scartare i suoi regali (Christian scarta i suoi regali)
ganha	Ricevere
roupas	Abiti
brinquedos	Giocattoli

patins	Pattini
prato favorito	Piatto preferito
queijo	Formaggio
no armário	Guardaroba
Christian aprende sozinho a tocar o violão	Christian impara da solo a suonare la chitarra
Percebe	Notare (sua madre lo nota)
Procura	Cercare (lei cerca ...)
Filho	Figlio
Aulas de violão	Lezioni di chitarra
Professor de canto	Insegnante di canto
Christian e Anna têm a mesma idade	Christian e Anna hanno la stessa età
Eles se tornam amigos	Diventano amici
Cumprimenta	Salutare (saluta Christian)
Abandona	Lasciare (Christian lascia la musica)
Gerenciar seu tempo	Gestire il tempo
hobbies	Hobby
Se dá bem com	Andare d'accordo ... (Christian va molto d'accordo con Nick e Ken)
Tem	Avere (Lui ha)
Bateria	Batteria
Baterista	Batterista
Irmã mais velha	Sorella maggiore
Corista	Corista, seconda voce
Violino	Violino
Canções famosas	Canzoni conosciute, canzoni famose
Ao mesmo tempo	Contemporaneamente
Suco	Succo
Eles têm medo do palco	Hanno paura del palcoscenico
Encabula	Arrossire (Anna arrossisce)

Suando	Sudato
Estômago	Stomaco
Mãos	Mano(i)
Tremem	Tremare (le mani di Christian tremano)
No palco	Sul palco
Sistema de som	Sistema sonoro
Cantor(es)	Cantante(i)
Performance	Prestazione
Pagamento	Paga
Anoitece	Scende la notte
Christian está com uma fome de leão	Christian ha una fame da lupo
Comemorar	Festeggiare
Sucesso	Successo
Seus estudos duram vários anos	I suoi studi durano diversi anni
Muito triste	Molto triste
Tudo vai bem	Va tutto bene
Seu coração está partido	Il suo cuore è spezzato
Christian acorda no meio da noite	Christian si sveglia nel cuore della notte
Caneta	Penna
Letra	Testo
Verso	Strofa
Fala	Racconta
Refrão	Ritornello
Descreve	Descrivere (il ritornello descrive ...)
No próximo dia	Il giorno successivo
Os pais do Christian estão emocionados com a canção	I genitori di Christian sono toccati dalla canzone
Comovente	Commovente
Eles gravam a canção	Registrano la canzone

Título da canção	Titolo del brano
Eles lançam seu primeiro single	Viene rilasciato il loro primo singolo
Hit	Hit
Enchem	Riempire (I fan riempiono l'auditorium)
De cor	A memoria
Seu sonho se tornou realidade	Il suo sogno diventa realtà

Storia 3: Una passione per la musica

Cantare è il **passatempo** preferito di Christian. Il nome di sua madre è Jeanne. Suo padre si chiama Alain. Tra i due e i quattro anni di età, a Christian piace molto **ascoltare** le **filastrocche**. Gli piace **canticchiarle**. A cinque anni, Christian sa **leggere**. Gli piace **cantare al karaoke**.

A nove anni, partecipa a **una gara di canto** per bambini. Christian ha molto talento. I membri della giuria sono impressionati. Christian è **tra** i finalisti della competizione. **Il vincitore del concorso** è un ragazzo di dodici anni. **Christian vince il secondo premio**. Ottiene **una console di gioco**, una bicicletta, dei **soldi** e **una vacanza all'estero**. Vince anche un biglietto per Disneyland.

Alain e Jeanne sono molto orgogliosi del loro bambino. Si **congratulano con lui** e **lo baciano**.

Alain e Jeanne organizzano un grande **festa** per il decimo compleanno di Christian. Invitano tutta la famiglia e alcuni **compagni di classe**. Alle quattro, **Christian esprime un desiderio**. Poi **soffia le candeline** sulla torta di compleanno. **Tutti** applaudono. Gli ospiti offrono dei **regali** a Christian.

Alle sei la festa finisce. Le persone vanno a casa. I genitori di Christian li ringraziano. **Christian scarta i suoi regali**. Christian **riceve** scarpe, **abiti** e **giocattoli** nuovi. I suoi genitori gli prendono i **pattini**.

Per cena, Jeanne gli prepara il suo **piatto preferito**. Alle otto cenano. Mangiano maccheroni al **formaggio**.

Christian vede una vecchia chitarra **nel guardaroba. Christian impara da solo a suonare la chitarra**. Sua madre lo **nota**. Gli compra una nuova chitarra. **Lei cerca** una scuola di musica per suo **figlio**. Christian inizia le **lezioni di chitarra**.

A undici anni, Christian canta ad una festa nella sua scuola. Un **insegnante di canto** lo nota. **Saluta Christian** e i suoi genitori. Quindi si presenta. Insegna canto da venticinque anni. Christian ha una bella voce. Cyril desidera insegnargli a cantare. Jeanne e Alain accettano la proposta. È una grande opportunità. Christian incontra un altro studente di Cyril. Il suo nome è Anna. Anna suona il piano. **Christian e Anna hanno la stessa età. Diventano amici.**

A dodici anni, Christian inizia la prima media. In questa scuola prende dei cattivi voti. Christian è troppo concentrato sulla musica e il canto. Suo padre gli chiede di concentrarsi sugli studi. Christian **lascia** la musica. Ottiene voti migliori a scuola.

A sedici anni, Christian inizia le superiori. Impara a **gestire il suo tempo** tra **hobby** e studi. Continua con la musica e il canto. Al liceo, Christian incontra altri giovani. Fanno anche loro musica. Ken suona la chitarra. E Nick la batteria. **Christian va molto d'accordo con Nick e Ken.** Nick invita Christian e Ken a suonare insieme. Ha uno studio a casa. **Lui ha batteria**, una chitarra acustica e un sintetizzatore. Christian invita Anna a suonare con loro.

Sabato mattina, Christian, Ken e Anna vanno a casa di Nick. Nick presenta i suoi nuovi amici ai suoi genitori. Il padre di Nick è un ex **batterista**. Sua madre è una ex **corista**. Sua **sorella maggiore** suona il **violino**. Nick viene da una famiglia di artisti.

I quattro giovani entrano nello studio. Tutti suonano il loro strumento musicale. Suonano **canzoni famose**. Christian e Anna cantano **contemporaneamente**. La mamma di Nick offre del **succo di frutta** a tutti. I quattro giovani diventano inseparabili. L'amore per la musica li unisce.

Alcuni mesi dopo, Cyril li chiama ad animare una festa. Christian, Anna, Nick e Ken sono entusiasti. Ma **hanno paura del palcoscenico. Anna arrossisce.** Ken è **sudato**. Nick ha **mal di stomaco. Le mani di Christian tremano**. Lui e i suoi amici suonano **su un palco** per la prima volta. I loro genitori e famiglie sono tutti presenti.

Alla fine, **va tutto bene.** Il **sistema sonoro** è impeccabile. I **cantanti** cantano bene. La scaletta delle canzoni è ben scelta. Tutti i presenti sono soddisfatti. Il gruppo riceve le congratulazioni del pubblico. Cyril è felice della loro **prestazione**. Gli da la loro **paga**.

Scende la notte. Christian ha una fame da lupo. Alain desidera **festeggiare** questo primo **successo**. Quindi invita i quattro musicisti al ristorante. Chiama anche Cyril.

Il tempo passa. Christian e i suoi amici finiscono il liceo. Anna lascia il paese. Continua a studiare all'estero. **I suoi studi durano diversi anni.** Christian è **molto triste. Il suo cuore è spezzato.**

Christian si sveglia nel cuore della notte. È ispirato dalla partenza della sua amica. Prende carta e **penna**. Scrive il **testo** di una canzone. Poi Christian prende la sua chitarra. Compone la melodia della canzone. È un brano malinconico. La prima **strofa racconta** un amore impossibile. La seconda parla della separazione. Il **ritornello descrive** i sentimenti del cantante.

Il giorno successivo, Christian canta la sua canzone con la chitarra. Ken, Nick, Cyril, Jeanne e Alain ascoltano lui. **I genitori di Christian sono toccati dalla canzone.** È davvero **commovente**. Ed è una bellissima dichiarazione d'amore. Ken e Nick adorano la canzone.

I tre giovani iniziano la loro carriera professionale nella musica. Reclutano un nuovo pianista. Il suo nome è June. June è la nipote di Cyril. Christian, Nick, Ken e June creano la loro band. La chiamano "Ong'Stu". Poi **registrano** la **canzone** di Christian. Il **titolo del brano** è "Per te". Un mese dopo, **pubblicano il loro primo singolo.** In pochi giorni, la canzone diventa una **hit**. Christian dedica la canzone ad Anna. Anna si commuove. Lei ringrazia Christian.

Cyril compone tre canzoni per la band Ong'Stu. Anche Christian e June compongono altre canzoni. Alain e Cyril li aiutano.

Dopo sei mesi, Christian, June, Nick e Ken pubblicano il loro primo album. Sei settimane dopo, fanno il loro primo concerto. **I fan riempiono l'auditorium.** Conoscono le canzoni **a memoria**. Lo spettacolo dura un'ora e mezza.

Christian pensa ad Anna. **Il suo sogno diventa realtà.**

Estória 4: A vida de uma família normal

Aline tem treze anos. Ela é uma **estudante**. Ela ama escrever. Sua mãe a oferece um **diário**. Ela escreve seus **pensamentos** neste diário. **Ela o guarda** em sua **gaveta**.
De segunda a sexta, **Aline acorda** às seis da manhã. **Ela toma banho.** Na quarta-feira, **ela lava o cabelo. Ela limpa o ouvido. Ela escova os dentes.** Ela corta suas **unhas**. Ela sai do **banheiro** às seis e quarenta e cinco. **Ela se seca** com uma **toalha. Ela se veste e coloca seus sapatos. Ela penteia seu cabelo.** Ela pega sua **mochila**. E então ela sai do **quarto**.
Às sete horas, ela vai à **sala de jantar. Ela toma café da manhã** com seu pai. Às sete e quinze, ela sai de casa. Ela vai ao **ponto de ônibus**. Ela pega o ônibus. Às sete e quarenta e cinco ela chega na escola.
O sino toca às sete e cinquenta. Os estudantes vão às **salas de aula**. Todos **sentam** nos seus lugares. As aulas começam. O intervalo é às nove e quarenta e cinco. As aulas continuam às dez horas. No turno da manhã, as aulas terminam ao meio-dia.
Aline vai à **cantina**. Ela **almoça** com duas amigas. Após o almoço, ela vai à biblioteca da escola. Ela escolhe um lugar. Ela lê, escreve ou **faz a lição de casa**. Às vezes ela **cai no sono**.
Durante a **tarde**, as aulas começam à 13:30. Elas terminam às cinco horas. Aline pega o ônibus de volta. Aline chega em casa às dezoito horas. Ela **põe** sua mochila no seu quarto. Ela desce e pega um **lanche**. Ela descansa até sua mãe chegar.
A família janta por volta das oito horas. Então Aline tira seus sapatos, **tira sua roupa** e toma banho. Ela coloca sua roupa suja no **cesto de roupa suja**. Ela veste seus pijamas. Então ela **estuda** para suas aulas e faz a lição de casa. Ela reconta seu dia no seu diário. Por volta das vinte e uma horas, ela vai para a cama. Ela lê e cai no sono.
No sábado, Aline acorda por volta das nove e meia. Aline é estudiosa. No sábado de manhã, ela termina sua lição de casa que ficou **incompleta** do **dia anterior**. Então ela estuda ou revisa suas lições.
No sábado à tarde, Aline vai à aula de balé. Sua mãe a leva. Então **ela busca Aline** às quatro horas.
No domingo, Aline faz algumas atividades com sua família. Eles ficam em casa ou saem.

A irmã mais velha da Aline é a Leslie. Ela tem vinte e cinco anos de idade. Ela é **uma jovem recém-formada. Leslie está desempregada.** Ela vive com seus pais. Ela adora **passar tempo** com seus amigos. Ela gosta de **fofocar com** uma amiga. Ela também ama **maquiagem**.
Todas as manhãs, Leslie acorda às dez horas. Ela se arruma e sai de casa. **Ela tranca a porta.** Ela vai à garagem da casa. Ela coloca o seu **capacete. Ela liga a motocicleta** e vai embora.
Leslie tem um emprego temporário. Ela é uma **garçonete** em um pequeno restaurante. **Ela trabalha meio período.** Às dez e vinte, ela chega no restaurante. Ela toma café e come **pão com manteiga**. Então ela veste seu **uniforme de garçonete**. Ela começa a trabalhar.
Quentin é um **cliente frequente** do restaurante. **Ele está cortejando a Leslie.** Todos os dias, Quentin dá uma **generosa gorjeta** à Leslie. A jovem está **desconfortável**.
À uma hora da tarde, ela tem um intervalo de quinze minutos. **Ela come um lanche** e continua seus serviços. **Leslie não come muito.** Ela tem medo de **engordar. Ela é praticamente pele e osso.**
Às seis horas, Leslie termina seus serviços. Às seis e meia, ela encontra seus amigos em um bar.
Na sexta-feira à noite, Leslie e seus amigos vão para **boates**. Ela volta à uma hora da manhã. Às vezes uma amiga dorme na sua casa. No sábado pela manhã, Leslie está **exausta. Ela dorme até tarde.** Leslie acorda por volta do meio-dia. Ela está almoçando. À tarde, ela assiste novelas ou vai ao cinema com seus amigos.
O nome da mãe da Leslie e da Aline é Stephy. Stephy é uma **professora** do ensino fundamental. Stephy ama crianças e seu trabalho. Todas as noites, ela prepara as aulas do próximo dia para as crianças. Após os exames, ela às vezes **fica acordada até tarde. Ela corrige as provas dos seus estudantes.** Stephy sabe os nomes de todos os seus estudantes. Nas quartas à tarde, **não tem aula. Ela tem um pouco de tempo livre.**
O nome do marido de Stephy é Rob. **Rob trabalha com ciência da computação.** Rob é um programador. Ele trabalha em um escritório. Ele está **sempre** sentado na frente de um **computador**. Ele **digita** linhas de código no **teclado**. Rob também é responsável pela manutenção dos computadores no seu trabalho. Ele é o **gerente de TI. Rob trabalha muitas horas extra.** Aline acha que **ele trabalha demais**. Aline tem medo que seu pai esteja **trabalhando demais**.

Vocabulario

Estudante	Studentessa
Diário	Diario
Pensamentos	Pensieri
Guarda	Conservare (lo conserva)
Gaveta	Cassetto
acorda	Svegliarsi (Aline si sveglia)
toma banho	Fare la doccia (fa la doccia)
ela lava o cabelo	Si lava i capelli
ela limpa o ouvido	Si pulisce le orecchie
ela escova os dentes	Lei si lava i denti
unhas	Unghie
banheiro	Bagno
ela se seca	Asciugare (si asciuga)
toalha	Asciugamano
ela se veste e coloca seus sapatos	Si veste e si mette le scarpe
ela penteia seu cabelo	Lei si pettina i capelli
mochila	Zaino
quarto	Camera da letto
sala de jantar	Sala da pranzo
toma café da manhã	Fare colazione (fa colazione)
ponto de ônibus	Fermata dell'autobus
O sino toca	La campanella suona
salas de aula	Aula
sentam	Siedono
cantina	Caffetteria
almoça	Pranzo
faz a lição de casa	Fare i suoi compiti (lei fa i compiti)
cai no sono	Si addormenta
tarde	Pomeriggio
põe	Lascia
lanche	Spuntino
cesto de roupa suja	Cestino della biancheria

tira sua roupa	Spogliarsi (si spoglia)
estuda	Ripassare (ripassa)
incompleta	Incompleto
do dia anterior/da tarde anterior/da noite anterior	Il giorno prima/la sera prima/la sera prima
ela busca Aline	Passa a prendere Aline
jovem recém-formada	Giovane laureato/a
Leslie está desempregada	Leslie è disoccupata
passar tempo	Trascorrere il tempo
fofocar com	Spettegolare con
mauqiagem	Trucco
Ela tranca a porta	Chiude la porta a chiave
capacete	Casco per la moto
Ela liga a motocicleta	La mette in moto
garçonete	Cameriera
Ela trabalha meio período	Lavora part-time
pão com manteiga	Pane e burro
uniforme de garçonete	Uniforme da cameriere
cliente frequente	Cliente abituale
Ele está cortejando a Leslie	Fa la corte a Leslie
generosa gorjeta	Suggerimento generoso
desconfortável	A disagio
Ela come um lanche	Per fare uno spuntino (lei fa uno spuntino)
Leslie não come muito	Leslie non mangia molto
engordar	Ingrassare
Ela é praticamente pele e osso	è tutta pelle e ossa
boates	Discoteca
exausta	Esausta
Ela dorme até tarde	Lei dorme fino a tardi
Professora	Insegnante
fica acordada até tarde	Rimane in piedi fino a tardi
Ela corrige as provas dos seus estudantes	Corregge i compiti in classe dei suoi studenti

não tem aula	Non c'è scuola
Ela tem um pouco de tempo livre	Lei ha del tempo libero
Rob trabalha com ciência da computação	Rob lavora in campo informatico
Sempre	Sempre
Computador	Computer
Digita	Digitare (digita...)
Teclado	Tastiera
gerente de TI	Manager informatico
Rob trabalha muitas horas extra	Rob fa molte ore di straordinari
Ele trabalha demais	Lui lavori troppo
trabalhando demais	Sovraccaricarsi (Peter si sta sovraccaricando)

Storia 4: Vita di una famiglia normale

Aline ha tredici anni. Va a **scuola**. Ama scrivere. Sua madre le offre un **diario**. Lì ci scrive i suoi **pensieri**. **Lo conserva** in un **cassetto**.

Dal lunedì al venerdì **Aline si sveglia** alle sei e mezza ogni mattina. **Fa una doccia**. Di mercoledì, **si lava i capelli**. **Si pulisce le orecchie**. **Si lava i denti**. Si taglia le **unghie**. Lascia il **bagno** alle sei e quarantacinque. **Si asciuga** con un **asciugamano**. **Si veste e si mette le scarpe**. **Si spazzola i capelli**. Prende il suo **zaino**. Quindi la lascia **camera**.

Alle sette si reca nella **sala da pranzo**. **Fa colazione** con suo padre. Alle sette e un quarto, lascia la casa. Si reca alla **fermata dell'autobus**. Lei prende l'autobus. Alle sette e quarantacinque arriva a scuola.

La campanella suona alle sette e cinquanta. Gli studenti vanno nelle loro **aule**. Tutti **si siedono** al proprio posto. Le lezioni iniziano. La pausa è alle nove e quarantacinque. Le lezioni continuano fino alle dieci. Al mattino le lezioni terminano a mezzogiorno.

Aline si reca in **caffetteria**. Lì ha il suo **pranzo** con due amiche. Dopodiché va alla biblioteca della scuola. Prende un posto. Legge, scrive o **fa i suoi compiti**. Qualche volta **si addormenta**.

Nel **pomeriggio**, le lezioni iniziano alle 13:30. Finiscono alle cinque. Aline prende l'autobus. Arriva a casa alle diciotto. **Lascia** la borsa nella sua stanza. Scende e si fa uno **spuntino**. Si prende una pausa fino all'arrivo di sua madre.

La famiglia cena intorno alle otto. Poi Aline si toglie le scarpe, **si spoglia** e si lava. Lascia il suo bucato sporco nel **cestino della biancheria**. Si mette il pigiama. Poi **ripassa** le sue lezioni e fa i compiti. Racconta la sua giornata nel suo diario. Verso le 21, va a letto. Legge e si addormenta.

Di sabato, Aline si sveglia alle nove e mezza. È una studente diligente. Il sabato mattina si finisce compiti **incompleti del giorno prima**. Quindi studia o ripassa le sue lezioni.

Sabato pomeriggio, Aline segue delle lezioni di danza classica. La accompagna lì sua madre. Poi **passa a prendere Aline** alle quattro.

Domenica, Aline svolge alcune attività con la sua famiglia. Stanno a casa o escono.

La sorella maggiore di Aline è Leslie. Ha venticinque anni. È una **giovane laureata. Leslie è disoccupata.** Vive con i suoi genitori. Ama **trascorrere il tempo** con i suoi amici. Le piace **spettegolare** assieme ad un'amica. Anche lei ama il **trucco**.

Ogni mattina Leslie si sveglia alle dieci. Si prepara e esce di casa. **Chiude la porta a chiave.** Si reca al garage di casa. Lì indossa **casco per la moto. La accende** e se ne va.

Leslie ha un lavoro temporaneo. Lei è una **cameriera** in un piccolo ristorante. **Lavora part-time.** Alle dieci e venti, arriva al ristorante. Prende un caffè e mangia **pane e burro**. Quindi indossa il suo **vestito da cameriera.** Inizia quindi a lavorare.

Quentin è un **cliente abituale** del ristorante. **Sta facendo la corte a Leslie**. Ogni giorno, Quentin dà a Leslie una **generosa mancia**. La giovane donna è **disagio**.

All'una fa una pausa di quindici minuti. **Fa uno spuntino** e continua i suoi servizi. **Leslie non mangia molto.** Ha paura di **ingrassare**. **È tutta pelle e ossa.**

Alle sei Leslie finisce il suo turno. Alle sei e mezza, si riunisce con le sue amiche in un bar.

Venerdì sera, Leslie e le sue amiche vanno in **discoteca**. Torna all'una del mattino. A volte dorme a casa sua una sua amica. Il sabato mattina, Leslie è **esausta. Dorme fino a tarda mattinata.** Leslie si sveglia verso mezzogiorno. Pranza. Nel pomeriggio, guarda le telenovele o va al cinema con le sue amiche.

Il nome della madre di Leslie e Aline è Stephy. È un **insegnante** in una scuola elementare. Stephy ama i bambini e il suo lavoro. Ogni sera prepara le lezioni per il giorno successivo. Dopo gli esami, a volte **rimane in piedi fino a tardi. Corregge i fogli di esame dei suoi studenti.** Stephy conosce tutti i loro nomi. Il mercoledì pomeriggio **non ha scuola. Così ha del tempo libero.**

Il marito di Stephy si chiama Rob. **Lavora con l'informatica.** Rob è uno sviluppatore. Lavora in un ufficio. È **sempre** seduto di fronte a un **computer. Digita** linee di codice sulla **tastiera.** Rob è anche responsabile della manutenzione dei computer sul posto di lavoro. Lui è un **manager informatico. Rob fa molte ore di straordinari.** Aline ritiene che **lavora troppo.** Aline teme che suo padre **stia sovraccaricandosi.**

Estória 5: Viagem, Turismo e Férias

É verão. É a **temporada de férias. Nicolas planeja uma viagem** com sua família. Ele vai à **agência de viagens.** Um **agente de viagens** o recepciona:

- Olá senhor. Como posso ajudá-lo?
- Olá, eu gostaria de **comprar passagens de avião** para Paris, por favor.
- Quando você quer partir?
- **Próxima sexta-feira.**
- Quantas passagens você quer comprar?
- Eu preciso de quatro passagens para dois adultos e duas crianças.

Nicolas compra as passagens e **vai para casa**. Ele envia um e-mail para Sid para confirmar seu **voo**. Sid é o irmão do Nicolas. Sid mora na França. Os filhos do Nicolas – Chanel e Charlie – estão felizes. Esta é a primeira vez que eles irão à França. Jenny – a esposa do Nicolas – o agradece. **Ela o beija na bochecha.**

Na quinta-feira, Jenny prepara as **malas**. Nicolas verifica os passaportes de todos. Ele coloca o seu passaporte e os passaportes das crianças na sua **bagagem de mão.**

Na sexta-feira de manhã, Jenny compra um pequeno presente para Martin. Martin é seu **sobrinho.** Ele é o filho do Sid.

Às dezenove horas, **Nicolas, Jenny e Evan** – seu **motorista** – **colocam as malas** no **carro**. Às dezenove e trinta, todos entram no carro. Eles saem para o aeroporto. Às oito horas, eles chegam no estacionamento do Aeroporto. Nicolas coloca as malas em um **carrinho.**

Nicolas, Jenny e as crianças vão ao **balcão de check-in** para **fazer o check-in**. Os passaportes e passagens são verificados. As **malas** são **pesadas**. Então as malas são enviadas à **bagagem de porão** do avião. **Todos** pegam seus **cartões de embarque**. Nicolas e sua família vão ao **portão de embarque**. Eles passam pela **alfândega**.

Eles esperam pela hora de embarcar na sala de espera. Às vinte e duas e trinta, **os passageiros embarcam**. No avião, os **comissários de bordo** cumprimentam os passageiros. Uma **aeromoça sorri** para Chanel e Charlie. Todos sentam em seus **assentos**. Os passageiros colocam seus **cintos de segurança**. O avião **decola**.

O avião chega por volta das sete horas da manhã. O avião **aterrissa**. Nicolas e sua família saem do avião. Os comissários de bordo dão as boas-vindas à França. Nicolas e sua família pegam suas malas na **retirada de bagagem**. Sid leva sua família ao aeroporto. Ele está feliz por vê-los novamente. Chanel e Charlie não se lembram do seu tio Sid. Nicolas apresenta seu irmão aos seus filhos.

As malas são colocadas no carro do Sid. Após meia hora de viagem, eles chegam na casa do Sid. A casa do Sid é bonita e grande. Nicolas e sua família ficam em Paris por uma semana. Eles **ficam** com o Sid durante sua estadia em Paris. Cynthia e Martin cumprimentam os viajantes na **entrada**. Cynthia é a esposa do Sid. O quarto do Nicolas e da Jenny é no **primeiro andar**. O quarto de Chanel e Charlie fica **perto** do quarto dos seus pais.

Cynthia serve o café-da-manhã. As crianças tomam chocolate quente e comem croissants. Os adultos tomam chá e comem pão de queijo. As crianças estão **cheias**. E estão **cansadas**. Charlie cai no sono no **sofá** da **sala de estar**. Jenny o carrega em seus braços. Ela o leva ao seu quarto. Ela o coloca na cama. Jenny tira as roupas do seu filho. Ela **o cobre** com um **lençol**. Chanel **boceja**. Ela também quer dormir. Ela vai ao seu quarto e dorme perto do seu irmão.

Seu pai tira um cochilo no quarto adjacente. Jenny toma banho na banheira. Cynthia lava a louça. Sid vai trabalhar. Martin joga video games.

Jenny termina seu banho e veste roupas confortáveis. Então ela vai com Cynthia **fazer compras**. As duas mulheres conversam sobre suas vidas de mãe. Uma hora e meia depois, **elas chegam em casa. Elas cozinham o almoço.**

Chanel e Charlie acordam. Charlie joga videogame com seu primo Martin. Chanel também quer jogar com eles. Mas Charlie recusa jogar com ela. Chanel insiste mas os dois garotos não querem saber. Chanel está **triste**.

Ela sai e **caminha** no grande **quintal** da casa. Ela vê a **piscina** da casa. Ela pergunta à sua mãe se pode **nadar**. Mas Jenny ainda está **ocupada**. Chanel não pode nadar sozinha **sem supervisão**.

Chanel vai à sala de estar. Ela está assistindo TV. **A menina suspira. Ela está entediada e vai dormir novamente.**

Por uma semana, **Nicolas e sua família fazem passeios turísticos** pela cidade de Paris.

Nicolas e sua família compram **passagens de trem** para a cidade de Marselha. **Infelizmente**, eles estão atrasados. **Eles perdem o trem.** Eles pegam o próximo trem. Quatro horas mais tarde, eles chegam em Marselha. Eles alugam um **quarto de família** em um hotel. As crianças estão com fome. Nicolas pede comida.

No próximo dia, Nicolas e sua família visitam uma amiga da Jenny. Seu nome é Bea. O marido da Bea é Claude. Claude está ausente. Ele está viajando por uma semana. Claude e Bea têm dois filhos: uma menina e um menino. Marine e Steven têm mais ou menos a mesma idade de Chanel e Charlie. Bea, Jenny e as crianças vestem seus **trajes de banho**. Eles vão à praia.

Marine e Steven constróem um castelo de areia. Chanel observa Marine e Steven. **Eles se provocam** e se divertem muito. Chanel e seu irmão nunca brincam juntos. Seu relacionamento é muito diferente do relacionamento de Marine e Steven. Marine e Steven são próximos. Chanel e Charlie não são próximos. Steven vai até Chanel e fala com ele:

- Chanel, você quer brincar comigo e com minha irmã?
- Você quer que eu brinque com você?
- **Você está sentada sem fazer nada.**
- Eu estou vendo vocês.
- Você é uma criança e está de férias. Você deve se divertir. Nossas mães são velhas. Elas estão sentadas sem fazer nada porque estão cansadas. Elas preferem conversar. Venha e divirta-se conosco.

- Certo!

Chanel está feliz por encontrar novos amigos com quem brincar.

Vocabulario

É verão	È estate
Temporada de férias	Stagione delle vacanze
Planeja uma viagem	Pianificare un viaggio (Nicholas pianifica un viaggio)
agência de viagens	Agenzia di viaggi
agente de viagens	Agente turistico
comprar passagens de avião	Acquistare biglietti aerei
próxima sexta-feira	Venerdì prossimo
vai para casa	Andare a casa (va a casa)
voo	Volo
Ela o beija na bochecha	Gli dà un bacio sulla guancia
malas	Bagagli
bagagem de mão	Valigetta
sobrinho	Nipote acquisito
colocam as malas	Caricare i bagagli (Nicolas, Jenny ed Evan caricano i bagagli)
no carro	Auto
motorista	Autista
carrinho	Trolley
balcão de check-in	Banco del check in
check-in	Check In
malas	Valigie
pesadas	Pesare
bagagem de porão	Stiva
Todos	Tutti
cartões de embarque	Carta d'imbarco
portão de embarque	Gate di imbarco
alfândega	Dogana
embarcam	Imbarcarsi (i passeggeri si imbarcano)

comissários de bordo	Assistenti di volo
aeromoça sorri	Una hostess sorride
assentos	Posti
cintos de segurança	Cintura di sicurezza
decola	Decollare
aterrisa	Atterrare
retirada de bagagem	Ritiro bagagli
ficam	Rimangono
entrada	Porta di casa
primeiro andar	Primo piano
perto	Vicino
Cynthia serve o café-da-manhã	Cynthia serve la colazione
As crianças tomam chocolate quente	I bambini bevono della cioccolata calda
cheias	Sazi
cansadas	Stanchi
sofá	Divano
sala de estar	Soggiorno
cobre	Coprire
lençol	Lenzuolo
boceja	Sbadiglio
Seu pai tira um cochilo	Il loro padre fa un pisolino
quarto adjacente	Stanza accanto
Jenny toma banho	Jenny fa il bagno
banheira	Vasca da bagno
Cynthia lava a louça	Cynthia lava i piatti
Sid vai trabalhar	Sid va al lavoro
Matin joga video games	Martin gioca ai videogame
fazer compras	Fare la spesa
elas chegam em casa	Tornano a casa
Elas cozinham o almoço	Preparano il pranzo
triste	Triste
caminha	Passeggia

quintal	Cortile
piscina	Piscina
nadar	Nuotare
ocupada	Occupata
supervisão	Supervisione
A menina suspira.	La bambina sospira
Ela está entediada e vai dormir novamente	È annoiata e si addormenta di nuovo
fazem passeios turísticos	Andare a visitare (Nicholas e la sua famiglia vanno a visitare la città)
passagens de trem	Biglietti del treno
Infelizmente	Sfortunatamente
Eles perdem o trem	Perdono il treno
quarto de família	Stanza familiare
trajes de banho	Costume da bagno
Marine e Stevem constróem um castelo de areia	Marine e Steven costruiscono un castello di sabbia
Eles se provocam	Prendersi in giro a vicenda (si prendono in giro a vicenda)
Você está sentada sem fazer nada	Stai lì senza fare nulla

Storia 5: Viaggi, turismo e vacanze

È estate. È la **stagione delle vacanze**. **Nicolas pianifica un viaggio** con la sua famiglia. Va all'**agenzia di viaggi**. Un **agente turistico** lo accoglie:

- Salve signore. Cosa posso fare per lei?
- Ciao, vorrei **comprare dei biglietti aerei** per Parigi, gentilmente.
- Quando parte?
- **Venerdì prossimo.**
- Quanti biglietti desidera acquistare?
- Ho bisogno di quattro biglietti aerei, per due adulti e due bambini.

Nicolas riceve i biglietti e **va a casa**. Invia un'e-mail a Sid per confermare il suo **volo**. Sid è il fratello di Nicolas. Sid vive in Francia. I figli di Nicolas - Chanel e Charlie - sono felici. È la prima volta che vanno in Francia. Jenny - La moglie di Nicolas – lo ringrazia. **Lei gli dà un bacio sulla guancia.**

Giovedì, Jenny prepara i **bagagli**. Nicolas controlla i passaporti di tutti. Mette il suo e quelli dei bambini nella sua **valigetta**.

Venerdì mattina, Jenny compra un piccolo regalo per Martin. Martin è il suo **nipote acquisito**. È il figlio di Sid.

Alle diciannove, **Nicolas, Jenny ed Evan**- il loro **autista-caricano i bagagli** nell'**auto**. Alle diciannove e trenta, tutti entrano in macchina. Partono per l'aeroporto. Alle otto, arrivano al parcheggi. Nicolas mette i bagagli in un **carrello**.

Nicolas, Jenny e i bambini vanno al **banco della registrazione per il check-in.** Passaporti e biglietti vengono verificati. Le **valigie** vengono **pesate**. Quindi il bagaglio viene inviato nella **stiva** dell'aereo. **Tutti** prendono la loro **carta d'imbarco**. Nicolas e la sua famiglia si dirigono verso il loro **Gate di imbarco**. Passano la **Dogana**.

Aspettano l'imbarco nella sala d'aspetto. Alle ventidue e trenta, **i passeggeri si imbarcano**. Sull'aereo, gli **assistenti di volo** salutano i passeggeri. Una **hostess sorride** a Chanel e Charlie. Tutti si siedono sui loro **sedili**. I passeggeri fissano la **cintura di sicurezza**. L'aereo **decolla**.

L'aereo arriva verso le sette del mattino. L'aereo a**tterra**. Nicolas e la sua famiglia lasciano il volo. Gli assistenti li accolgono in Francia. Nicolas e la sua famiglia prendono le valigie dalla **zona di ritiro bagagli**. Sid va a prenderli con la famiglia all'aeroporto. È felice di rivederli. Chanel e Charlie non ricordano lo zio Sid. Nicolas presenta suo fratello ai suoi figli.

Le valigie vengono caricate nella macchina di Sid. Dopo mezz'ora di auto, arrivano a casa di Sid. La casa di Sid è bella e grande. Nicolas e la sua famiglia rimangono a Parigi per una settimana. **Soggiornano** da Sid durante il loro viaggio a Parigi. Cynthia e Martin salutano i viaggiatori **alla porta di casa**. Cynthia è la moglie di Sid. La stanza di Nicholas e Jenny è al **primo piano**. La stanza di Chanel e Charlie è **vicino**nella stanza dei genitori.

Cynthia serve la colazione. I bambini bevono cioccolata calda e mangiano croissant. Gli adulti bevono tè e mangiano pane al formaggio. I bambini sono **sazi**. E anche **stanchi**. Charlie si addormenta sul **divano** nel **soggiorno**. Jenny lo prende tra le sue braccia. Lo porta nella sua stanza. Lo lascia sul letto. Jenny toglie le scarpe a suo figlio. **Lo copre** con una **coperta**. Chanel **sbadiglia**. Vuole dormire anche lei. Va nella sua stanza e dorme vicino a suo fratello.

Il loro padre fa un pisolino nella **stanza affianco**. **Jenny fa il bagno nella vasca da bagno. Cynthia lava i piatti. Sid va al lavoro. Martin gioca ai videogame.**

Jenny finisce di fare il bagno e si veste comodamente. Quindi accompagna Cynthia a **fare la spesa**. Le due donne si raccontano la vita da madri. Un'ora e mezza dopo, **tornano a casa. Cucinano il pranzo**.

Chanel e Charlie si svegliano. Charlie gioca ai videogame con suo cugino Martin. Chanel vuole anche lei giocare con loro. Ma Charlie rifiuta. Chanel insiste ma i due ragazzi non lo sanno. Chanel è **rattristata**.

Lei esce e **passeggia** nel grande **cortile** della casa. Vede la **piscina** della casa. Chiede a sua madre se può **nuotare**. Ma Jenny è ancora **occupata**. Chanel non sa nuotare da sola **senza supervisione**.

Chanel va in soggiorno. Guarda la televisione. **La bambina sospira. È annoiata e va di nuovo a dormire.**

Per una settimana, **Nicolas e la sua famiglia vanno a visitare** la città di Parigi.

Nicolas e la sua famiglia comprano i **biglietti del treno** per la città di Marsiglia. **Sfortunatamente,** sono in ritardo. **Perdono il treno.** Prendono quello successivo. Quattro ore dopo, arrivano a Marsiglia. Affittano una **stanza familiare** in un hotel. I bambini hanno fame. Nicolas ordina da mangiare.

Il giorno dopo, Nicolas e la sua famiglia visitano un'amica di Jenny. Il suo nome è Bea. Il marito di Bea è Claude. Claude è assente. Ha viaggiato per una settimana. Claude e Bea hanno due figli: un maschietto e una femminuccia. Marine e Steven hanno circa la stessa età di Chanel e Charlie. Bea, Jenny e i ragazzi indossano il loro **costume da bagno**. Stanno andando a mare sulla spiaggia.

Marine e Steven costruiscono un castello di sabbia. Chanel osserva Marine e Steven. **Si prendono in giro a vicenda** e si divertono molto. Chanel e suo fratello non giocano mai insieme. La loro relazione è così diversa da quella tra Marine e Steven. Marine e Steven sono intimi. Chanel e Charlie non lo sono quanto loro. Steven si avvicina a Chanel e gli parla:

- Chanel, vuoi giocare con me e mia sorella?
- Vuoi che io gioco con te?
- **Stai lì senza fare nulla.**
- Vi sto guardando.
- Sei una bambina e sei in vacanza. Dovresti divertirti. Le nostre mamme sono vecchie. Stanno sedute lì a fare niente perché sono stanche. Preferiscono chiaccherare. Vieni e divertiti con noi.
- Va bene!

Chanel è felice di trovare nuovi amici con cui giocare.

Estória 6: As **ocupações**

Julia trabalha como **empregada** em uma casa. Todas as manhãs, de segunda a sábado, ela começa a trabalhar às sete e meia. Ela prepara o café da manhã da família. Ela coloca água em uma **panela**. Ela liga o **forno para aquecer** a água. Ela compra pão. Na volta, **a água está fervendo**. Julia faz chá. Ela coloca o chá em uma garrafa térmica. Ela está aquecendo o **leite**.
Julia faz a mesa. Ela coloca os pães, a manteiga, o **açúcar**, um pote de **geleia**, os pães, o chá, o leite e uma **cesta de frutas** na mesa. **A cesta de fruta contém** bananas, **uvas** e **maçãs**. Ela põe os **pires** na mesa. Ela põe as **xícaras** sobre os pires. Ela coloca os **guardanapos** ao lado das xícaras. Ela então põe as **colheres, garfos** e **facas** sobre os guardanapos. O café da manhã está servido.
A família toma o café da manhã. Os adultos vão trabalhar, as crianças vão à escola e os jovens vão estudar. **Júlia retira a mesa** e lava a louça.
Julia faz as compras. Ela compra pepino, tomates, vinagre, **dentes de alho**, milho, **óleo, charcutaria,** queijo, limão, macarrão e **sal**. Julia corta o queijo, a charcutaria e os vegetais em pequenos cubos. Ela **corta o dente de alho**. Ela cozinha o macarrão. Ela prepara um molho vinagrete. **Julia mistura** tudo em uma **saladeira**. Ela põe a salada de macarrão na **geladeira**. Julia faz **suco de limão**. Ela põe o suco na geladeira.
Ela limpa o **chão** dos **quartos** da casa com uma **vassoura**. Então ela passa o **aspirador de pó**. Ela **lima a poeira** dos **móveis**. Ela **faz a cama** no quarto das crianças. Ela está lavando a **pia**, banheira e o espelho do banheiro. Ela está limpando o assento sanitário. Ela está limpando o **azulejo** do **conservatório. Ela água as plantas** e limpa as **vidraças** da casa. Então Julia está lavando as mãos.
Às onze e meia, **Julia faz a mesa**. As crianças chegam em casa por volta do meio-dia. Eles comem a salada de macarrão que Julia preparou. Então elas voltam à escola. Julia retira a mesa e lava a louça.
À tarde, **Julia lava as roupas** com a **máquina de lavar**. Então ela **estende as roupas no varal. Ela passa ferro** nas roupas **secas**. Julia volta para casa às quatro da tarde.
Julia é **viúva** há anos. Ela não é casada e não tem filhos. Mas ela tem uma sobrinha. Seu nome é Cathy. Cathy mora com a Julia. Cathy é

órfã desde sua adolescência. Ela é simpática, inteligente e gentil. Ela ama a Julia como se ela fosse sua mãe. As duas mulheres são muito próximas.
Cathy trabalha como uma **secretária executiva**. De segunda a sexta-feira, ela acorda às seis e meia. Ela se arruma e vai trabalhar às sete e cinquenta. Seu chefe – George – sempre chega no **escritório** às nove e meia da manhã. George é o **gerente** da empresa. Quando ela chega no escritório, Cathy prepara seu café. Às vezes George come um muffin com seu café.
Então Cathy o lembra das tarefas que precisam ser feitas durante o dia. Cathy planeja as tarefas. Ela organiza as reuniões. **Ela faz anotações** durante as **reuniões** do George com coletas ou parceiros da empresa. Então **ela escreve** um **relatório** das reuniões. Quando George sai em uma **viagem de negócios, ele grava** as reuniões com seu celular. George envia os arquivos de áudio por **e-mail**. Cathy os recebe. Então ela transcreve os **arquivos**. Ela escuta as reuniões e escreve os relatórios.
Cathy atende **o telefone**. Ela escreve os nomes e mensagens das pessoas que ligaram. Cathy também entra em contato com clientes.
Cathy é responsável por todas as tarefas administrativas. George está satisfeito com os serviços da Cathy. Cathy é responsável, série, habilidosa e é ótima **ouvinte**. Ela frequentemente ganha um **bônus** pela qualidade do seu trabalho. Após dois anos de serviço **com** a empresa, Cathy ganha um **aumento**.
Para comemorar sua promoção, Cathy convita sua Tia Julia para jantar em um restaurante. Cathy também compra novos **sapatos de salto alto** e um lindo **vestido de festa**. Julia a agradece pela sua generosidade. Na próxima semana, Julia prepara a comida favorita da Cathy para agradecê-la. Julia deseja que ela tenha muito sucesso em sua carreira.
O nome do irmão do George é Gerard. Gerard é medico. Todas as manhãs, ele acorda **cedo**. Ele se arruma e vai trabalhar. Gerard tem seu próprio **consultório médico. Ele examina** os pacientes. Ele escreve **receitas**. Os pacientes pagam pela **taxa** de consulta.
Os pacientes compram os remédios na **farmácia**.
Lilly é uma **enfermeira**. Ela é assistente do Dr. Gerard.

Vocabulario

Ocupações	Mestiere(i)
empregada	Colf
panela	Casseruola
forno	Fornello a gas
aquecer	Riscaldare
água está fervendo	L'acqua sta bollendo
leite	Latte
Julia faz a mesa	Julia prepara la tavola
açúcar	Zucchero
geleia	Marmellata
contém	Contenere (il cesto di frutta contiene...)
uvas	Uva
maçãs	Mela(e)
pires	Piattino(i)
xícaras	Tazza(e)
guardanapos	Tovagliolo(i)
colheres	Cucchiai
garfos	Forchette
facas	Coltelli/coltello
Julia retira a mesa	Julia sparecchia la tavola
dentes de alho	Spicchio d'aglio
óleo	Olio
carne	Carne
charcutaria	Salumi
sal	Sale
vegetais	Verdure
Ela corta o dente de alho	Lei taglia l'aglio a pezzi
mistura	Mescolare (Julia mescola ...)
saladeira	Insalatiera
geladeira	Frigorifero

suco de limão	Succo di limone
Ela limpa	Pulire (pulisce)
chão	Pavimento
quartos	Camera(e)
vassoura	Scopa
Ela passa o aspirador de pó	Passa l'aspirapolvere in casa
Lima a poeira	Spolverare (lei spolvera ...)
móveis	Mobili
Ela faz a cama	Lei fa il letto
pia	Lavabo
azulejo	Piastrella(e)
conservatório	Veranda
Ela água as plantas	Innaffia i fiori
vidraças	Pannelli di vetro
Júlia faz a mesa	Julia apparecchia la tavola
Lava as roupas	Fare il bucato (lei fa il bucato)
máquina de lavar	Lavatrice
estende as roupas no varal	Lei stende il bucato
Ela passa ferro	Stira
secas	Asciutto
viúva	Vedova
secretária executive	Assistente esecutivo segretario esecutivo
escritório	Ufficio
gerente	Manager
Ela faz anotações	Prende appunti
reuniões	Meeting
Ela escreve	Lei scrive
relatório	Verbale
viagem de negócios	Viaggio di lavoro

Ele grava	Lui registra
E-mail	E-mail
arquivo(s)	File
atende o telefone	Telefonate (Chiamate Telefoniche)
ouvinte	Capacità di ascolto
bônus	Bonus
com	Con
aumento	Aumento di stipendio
sapatos de salto alto	Scarpe col tacco
vestido de festa	Abito da sera
cedo	Presto
consultório médico	Studio medico
Ele examina	Esaminare (egli esamina ...)
receitas	Ricetta
taxa	Tassa
farmácia	Farmacia
enfermeira	Infermiera

Storia 6: I mestieri

Julia lavora come una **colf** in una casa. Ogni mattina, dal lunedì al sabato, inizia a lavorare alle sette e trenta. Prepara la colazione di famiglia. Mette l'acqua in una **casseruola**. Accende il **fornello a gas per riscaldare** l'acqua. Compra pane e focacce. Al suo ritorno, **l'acqua sta bollendo**. Julia prepara il tè. Quindi lo mette in un thermos. Poi scalda il **latte**.

Julia prepara la tavola. Mette le gallette, il burro, lo **zucchero**, un barattolo di **marmellata**, i panini, il tè, il latte e un **cesto di frutta** sul tavolo. **Il cesto di frutta contiene** banane, **uva** e mele. Colloca i **piattini** sul tavolo. Mette le **tazze** sui piattini. Posiziona i **tovaglioli** vicino alle tazze. Quindi **cucchiai, forchette,** e **coltelli** su di essi. La colazione è servita.

La famiglia fa colazione. Gli adulti vanno a lavoro, i bambini a scuola e i giovani a studiare. **Julia sparecchia la tavola** e lava i piatti.

Julia fa la spesa. Compra cetrioli, pomodori, aceto, **aglio**, mais, **olio, carne fresca**, formaggio, limone, pasta e **sale**. Julia taglia il formaggio, i salumi e le **verdure** in piccoli cubetti. **Taglia lo spicchio d'aglio.** Cuoce la pasta. Poi prepara una salsa vinaigrette. **Julia mescola** tutto in una **ciotola per insalata**. Mette quindi l'insalata di pasta nel **frigorifero**. Julia poi prepara un **succo di limone**. Lo mette nel frigorifero.

Lei pulisce il **pavimento** delle **camere** in casa con una **scopa**. Poi **passa l'aspirapolvere. Spolvera i mobili. Fa il letto** nella stanza del bambino. Pulisce il **lavello**, la vasca da bagno e lo specchio doccia. Lavando il bagno. Lava le **piastrelle** della **veranda**. **Innaffia le piante** e lava i **pannelli di vetro** della casa. Poi si lava le mani.

Alle undici e mezza **Julia apparecchia la tavola.** I bambini arrivano a casa verso mezzogiorno. Mangiano l'insalata di pasta preparata da Julia. Poi tornano a scuola. Julia sparecchia tavola e lava i piatti.

Nel pomeriggio, **Julia fa il bucato** con la **lavatrice**. Poi lo **stende**. **Passa al ferro da stiro** i vestiti **asciutti**. Julia torna a casa alle quattro.

Julia è **vedova** da anni. Non è sposata e non ha figli. Ma ha una nipote. Il suo nome è Cathy. Vive con Julia. Cathy è orfana da quando era adolescente. È affascinante, intelligente e gentile. Ama Julia come una madre. Le due donne sono molto vicine.

Cathy lavora come **Segretaria Esecutivo**. Dal lunedì al venerdì, si sveglia alle sei e mezza. Si prepara e arriva al lavoro alle sette e cinquanta. Il suo capo - George - arriva sempre in **ufficio** verso le nove e mezza del mattino. George è il **manager** della società. Quando arriva in ufficio, Cathy gli prepara il caffè. A volte George accompagna il caffè con un muffin.

Quindi Cathy gli ricorda le ose da fare durante il giorno. Cathy pianifica i compiti. Organizza gli incontri. **Prende appunti** durante i **meeting** di George con colleghi o soci dell'azienda. Poi **scrive** il **rapporto** degli incontri. Quando George fa un qualche **viaggio di lavoro**, **registra** gli incontri con il suo smartphone. George invia i file audio via **e-mail**. Cathy li riceve. Quindi fa la trascrizione del **file**. Ascolta le riunioni e scrive relazioni.

Cathy risponde alle **chiamate telefoniche**. Registra i nomi e i messaggi delle persone che chiamano. Cathy contatta anche i clienti.

Cathy è responsabile di tutti i compiti amministrativi. George è soddisfatto dei suoi serviz. È responsabile, seria, competente ed ha grandi **capacità di ascolto**. Spesso riceve dei **bonus** per la qualità del suo lavoro. Dopo due anni di servizio **con** la compagnia, Cathy ottiene un **aumento di stipendio**.

Per celebrare la sua promozione, Cathy invita la zia Giulia a cenare al ristorante. Cathy compra anche nuove **scarpe col tacco** e un bell'**abito da sera**. Julia la ringrazia per la sua generosità. La settimana seguente, Julia prepara il piatto preferito di Cathy per ringraziarla. Julia le augura ogni successo nella sua carriera.

Il nome del fratello di George è Gerard. È un dottore. Ogni mattina, si sveglia **presto**. Si prepara e si mette al lavoro. Gerard ha il suo **studio medico**. **Lui esamina** i pazienti. Lui scrive le **ricette**. I pazienti pagano la **tassa** per la visita medica.

I pazienti comprano i farmaci in **farmacia**.

Lilly è un'**infermiera**. Aiuta il dott. Gerard.

Estória 7: Casamento

Adam e Barbara estão juntos há seis anos. No aniversário da Barbara, Adam a convidou para jantar em sua casa. No **fim** do jantar, **Adam pediu pela sua mão em casamento. Barbara e Adam noivaram. Barbara dá a notícia** à sua família.

Adam e Barbara estão preparando seu **casamento. Eles escolhem a data** da cerimônia de **casamento**: eles escolheram o mesmo dia em que eles **se conheceram**. Adam e Barbara calculam o orçamento do casamento. **Eles querem que tudo esteja perfeito no grande dia deles.**

Adam e Barbara fazem uma lista com os preparatórios do casamento:

- O **vestido de casamento**
- O **penteado** e acessórios da noiva: **véu**, sapatos, maquiagem e **joias** da noiva
- O **terno** do noivo
- **Alianças**
- A **planejadora de casamentos**
- As **testemunhas** da noiva e as testemunhas do noivo
- Os vestidos das **damas de honra**
- Os trajes dos **pajens**
- A **lista de convidados**
- Os **convites**
- Transporte
- O **buquê** e as **flores da noiva**
- A **cerimônia de casamento**
- A decoração da capela
- O **café da manhã**
- **Bebidas**
- O **bolo de casamento**
- A **estatueta do casal**
- O **salão de recepção**
- A decoração do salão
- A **organização dos assentos**
- A orquestra e DJ para animar
- A música de entrada

- A primeira dança
- O fotógrafo e o cinegrafista

Adam e Barbara começam **os preparativos antes do casamento**. Barbara contrata Suzie como planejadora do casamento.

Uma estilista faz o **vestido de casamento** da Barbara. A estilista é Brooke. Barbara mostra o modelo do vestido para ela.

Adam pede que seu primo Richard seja sua testemunha. Os pajens são o irmão mais novo do Adam e seu priminho. As damas de honra são as duas irmãs mais novas da Barbara. Adelina – a tia da Barbara – é sua testemunha.

Barbara escreve o texto para o convite do casamento:

"Adam e Barbara estão felizes em convidá-lo à sua cerimônia de casamento no sábado, 21 de fevereiro de 2009, às 11 da manhã na Capela Saint John. É um prazer convidá-lo para almoçar no Espace des Colombes após a cerimônia.

Obrigado por confirmar sua presença antes do dia 15 de fevereiro".

Barbara dá o texto à Suzie. Suzie **imprime** o **anúncio do casamento**. Suzie escreve os nomes dos convidados nos convites. Barbara envia os convites aos **convidados**.

Adam e Barbara fazem aulas de dança para o casamento.

No dia do casamento, Barbara acorda às seis da manhã. **Ela toma um banho.** A **maquiadora** e o **cabeleireiro** chegam na sua casa.

Barbara sai do banho e se seca. Ela se arruma. Ela veste o vestido branco. A maquiadora começa a fazer sua maquiagem. O cabeleireiro faz seu cabelo. Barbara coloca seu colar e os **brincos**. Às nove horas, Barbara está pronta. O fotógrafo tira fotos da linda noiva. A carruagem da noiva passa às nove e meia. Ela chega na **igreja** às dez e meia. Os convidados preenchem os **assentos** da igreja **aos poucos**.

Às dez e cinquenta, Adam está **em pé** na frente do **altar**. Às onze horas, o organista toca uma melodia. Os pajens e damas de honra entram. Então o público se levanta. A noiva está entrando. Seu pai a acompanha ao altar. Barbara se junta ao seu futuro marido na frente do altar. O público senta. O padre começa a cerimônia.

Adam e Barbara agora são marido e mulher. O organista toca **A Marcha de Casamento**. Os recém-casados saem da igreja. Os convidados os parabenizam.

Os recém-casados e convidados chegam ao Espace des Colombes por volta das doze e meia. Os convidados procuram seus assentos e se sentam. Adam e Barbara dançam ao som da música de abertura do seu casamento. A música de abertura toca pela segunda vez. Os convidados dançam com a noiva e o noivo.

Por volta das quatro horas, a noiva e o noivo cortam o bolo. Eles abrem uma **garrafa de champanhe**. Os convidados aplaudem. Adam e Barbara tiram fotos com os grupos de convidados.

Por volta das dezessete e trinta, **a noiva joga o buquê**. Uma tia do Adam pega o buquê. Os convidados dão presentes de casamento aos recém-casados. A festa termina por volta das dezenove horas. Os convidados desejam um casamento bom e feliz a Barbara e Adam. Os recém-casados passam sua **noite de núpcias** em um hotel. Eles começam uma nova **fase** de suas vidas.

No próximo dia, eles vão à sua **lua de mel**. Eles voam até a **Maurícia**. Eles alugaram a **suíte nupcial** de um **hotel de luxo**.

Barbara está **bronzeada** na **praia**. Ela cai no sono. **Adam nada no mar**.

Os recém-casados encontram outro casal: Michel e Jessica. Michel e Jessica também estão em sua lua de mel. Jessica é uma antiga colega da Barbara. Ambos os casais estão no mesmo hotel. **Michael e Adam se conhecem**. Jessica e Barbara compartilham memórias da faculdade.

Durante a noite, os dois casais jantam juntos. **Eles se divertem**.

Vocabulario

Adam e Barbara estão juntos há seis anos	Adam e Barbara sono stati insieme per sei anni
fim	Fine
Adam pediu pela sua mãe em casamento	Adam le chiede la mano
Barbara e Adam noivaram	Barbara e Adam si fidanzano
dá a notícia	Dare la notizia (Barbara dà la notizia)
casamento	Matrimonio
Eles escolhem a data	Fissano una data
Primeira reunião	Primo incontro
Eles querem que tudo esteja perfeito no grande dia deles	Vogliono che tutto sia perfetto nel loro grande giorno
Vestido de casamento	Vestito da sposa
Penteado	Acconciatura
Véu	Velo
Joias	Gioielli
Terno	Completo da uomo
Alianças	Fedi nuziali
Planejadora de casamentos	Wedding planner
Testemunhas	Testimoni di matrimonio
Damas de honra	Damigelle
Pajens	Testimoni/Compari
Lista de convidados	La lista degli invitati
Convites	Inviti
Buquê da noiva	Il bouquet della sposa
Flores	Fiori
Cerimônia de casamento	La cerimonia matrimoniale
Café-da-manhã	Prima colazione
Bebidas	Bevande
Bolo de casamento	Torta nuziale
Estatueta do casal	Pupazzetti della coppia
Salão de recepção	Sala ricevimenti

Organização dos assentos	Piantina dei posti a sedere
Preparativos antes do casamento	Preparativi prima del matrimonio
Uma estilista faz o vestido de casamento	Una sarta confeziona il vestito da sposa
imprime	Stampa
anúncio do casamento	Annuncio di matrimonio
convidados	Ospiti
ela toma um banho	Lei fa un bel bagno
maquiadora	Truccatore
cabeleireiro	Parrucchiere
brincos	Orecchini
igreja	Chiesa
assentos	Banco/Banchi
aos poucos	Poco a poco
em pé	In piedi
altar	Altare
A Marcha de Casamento	La marcia nuziale
Os recém-casados	Gli sposi
garrafa de champanhe	Bottiglia di champagne
A noive joga o buquê	La sposa lancia il bouquet
noite de núpcias	Prima notte di nozze
fase	Fase
lua de mel	Luna di miele
Maurícia	Isole Mauritius
suíte nupcial	Suite nuziale
hotel de luxo	Hotel di lusso
bronzeada	Abbronzata
praia	Spiaggia
Adam nada no mar	Adam nuota nel mare
Michel e Adam se conhecem	Michael e Adam si conoscono
Eles se divertem	Si divertono

Storia 7: Nozze

Adam e Barbara sono stati insieme per sei anni. Al compleanno di Barbara, Adam la invita a cena a casa sua. Alla **fine** della cena, **Adam le chiede la mano. Barbara e Adam si fidanzano. Barbara da la notizia** alla sua famiglia.

Adam e Barbara stanno preparando le loro **nozze. Fissano una data** per la cerimonia di **matrimonio**: scelgono il giorno dell'anniversario del loro **primo incontro**. Adam e Barbara calcolano il budget del matrimonio. **Vogliono che tutto sia perfetto nel loro grande giorno.**

Adam e Barbara elencano i preparativi per il matrimonio:
- Il **vestito da sposa**
- **Acconciatura** e accessori della sposa: **velo**, scarpe, trucco e **gioielli**
- Il **completo da uomo** dello sposo
- **Fedi nuziali**
- **Organizzatore di matrimoni**
- **Testimoni di nozze** della sposa e dello sposo
- **Abiti delle damigelle**
- I costumi dei **testimoni**
- La lista degli invitati
- Gli **inviti**
- Trasporti
- Il **bouquet della sposa** e i **fiori**
- La **cerimonia matrimoniale**
- La decorazione della cappella
- La **prima colazione**
- **Bevande**
- La **torta nuziale**
- I **pupazzetti della coppia**
- La **sala ricevimenti**
- La decorazione della stanza
- La **Piantina dei posti a sedere**
- L'orchestra e il disc jockey per l'animazione
- La canzone di apertura
- Il ballo di apertura
- Il fotografo e il cameraman

Adam e Barbara iniziano i **preparativi del matrimonio**. Barbara assume Suzie come wedding planner.

Una sarta fa a Barbara il **vestito da sposa**. La sarta è Brooke. Barbara le mostra il modello del vestito.

Adam chiede a suo cugino Richard di essere il suo testimone. I testimoni dello sposo sono il fratellino di Adam e il cuginetto. Le damigelle d'onore sono le due sorelline di Barbara. Adeline, la zia di Barbara, è la sua testimone di matrimonio.

Barbara scrive il testo dell'invito per il matrimonio:

"Adam e Barbara sono lieti di invitarvi alla loro cerimonia di matrimonio, sabato 21 febbraio 2009 alle 11, nella cappella di Saint John. Saremo lieti di avervi a pranzo presso l'Espace des Colombes dopo la cerimonia.

Grazie per la conferma della tua presenza entro il 15 febbraio."

Barbara dà il testo a Suzie. Suzie **stampa** l'**annuncio di matrimonio**. Suzie scrive i nomi degli ospiti sui biglietti d'invito. Barbara invia gli inviti agli **ospiti**.

Adam e Barbara prendono lezioni di danza per il loro matrimonio.

Il giorno delle sue nozze, Barbara si sveglia alle sei del mattino. **Fa un bel bagno.** Il **truccatore** e il **parrucchiere** arrivano a casa sua.

Barbara esce dal bagno e si asciuga. Lei si prepara. Si mette il vestito bianco. La truccatrice comincia ad applicarle il make-up. Il parrucchiere le sistema i capelli. Barbara indossa collana e **orecchini**. Alle nove in punto è pronta. Il fotografo fotografa la bellissima sposa. La carrozza passa a prendere Barbara alle nove e trenta. Arriva in **Chiesa** alle dieci e trenta. Gli ospiti riempiono le **panchine** della chiesa **poco a poco**.

Alle dieci e cinquanta, Adamo è **in piedi** di fronte all'**altare**. Alle undici l'organista suona una melodia. I testimoni dello sposo e le damigelle fanno il loro ingresso. Quindi il pubblico si alza. La sposa sta entrando. Suo padre la accompagna all'altare. Barbara si unisce al suo futuro marito di fronte all'altare. Il pubblico si siede. Il sacerdote inizia la cerimonia.

Adam e Barbara sono ora marito e moglie. L'organista suona **la marcia nuziale**. Gli sposi lasciano la chiesa. Gli ospiti si congratulano con loro.

Gli sposi e gli ospiti arrivano all'Espace des Colombes verso le dodici e mezzo. Gli ospiti guardano la mappa dei posti a sedere e si siedono. Adam e Barbara ballano sulla canzone di apertura del loro matrimonio. La canzone di apertura viene riprodotta una seconda volta. Gli ospiti ballano con gli sposi.

Verso le quattro, la sposa e lo sposo tagliano la torta. Aprono una **bottiglia di champagne**. Gli ospiti applaudono. Adam e Barbara si fanno scattare le foto coi gruppi di ospiti.

Verso le cinque e mezza, **la sposa lancia il bouquet**. Una zia di Adam lo prende. Gli ospiti danno i regali di nozze agli sposi. La festa finisce intorno alle diciannove. Gli ospiti augurano una buona e felice vita matrimoniale a Barbara e Adam. Gli sposi passano la **notte di nozze** in una camera dell'albergo. Iniziano una nuova **fase** nelle loro vite.

Il giorno dopo, vanno in **luna di miele**. Precisamente a **Mauritius**. Affittano la **suite nuziale** in un **hotel di lusso**.

Barbara è **abbronzata** sulla **spiaggia**. Si addormenta. **Adam nuota nel mare**.

Gli sposi incontrano un'altra coppia: Michel e Jessica. Sono anche loro in luna di miele. Jessica è una vecchia compagna di classe di Barbara. Entrambe le coppie vivono nello stesso hotel. **Michael e Adam si conoscono.** Jessica e Barbara condividono i ricordi del college.

In serata, le due coppie cenano insieme. **Si divertono**.

Estória 8: Correspondentes

A professora de inglês da Judy dá a ela os **detalhes** de uma menina. Esta menina mora no exterior. Seu nome é Fabienne. Judy a envia sua primeira carta:

"Marselha, 14 de janeiro de 2002

Olá Fabienne,

Meu nome é Judy. Eu gostaria de trocar correspondências com você. Eu tenho dezoito anos. Eu moro na França. Eu gostaria de conhecê-la.

Judy Laroche."

Alguns dias depois, Judy recebe uma resposta da Fabienne.

" Antananarivo, 22 de janeiro de 2002
Olá Judy,

Eu recebi a sua carta. **Estou muito feliz em conhecê-la.** *E estou feliz em ser sua correspondente. Eu a desejo um feliz ano novo. Meu nome é Fabienne e eu tenho dezenove anos de idade.* **Eu sou caloura na Faculdade de Artes. Eu estudo inglês na universidade. Próxima vez,** *eu escreverei uma carta mais longa.* **Preciso ir à aula.**

Aguardo ansiosamente a sua resposta,
Fabienne, sua nova amiga".

"Marselha no dia 1 de fevereiro de 2002
Olá Fabienne,

Sua carta me fez sorrir. *Obrigada.* **Você parece ser ótima.** *Eu vou me apresentar. Como você já sabe, meu nome é Judy. Eu estou no primeiro ano do ensino médio. E eu moro com meus pais. Eu tenho um irmão mais velho. Seu nome é Denis e somos muito próximos. Denis se formou do ensino médio ano passado. Eu não sei* **que área de estudo** *ele vai escolher. No momento, ele está fazendo* **aulas de gastronomia.** *Ele é talentoso.* **Denis é um**

bom cozinheiro. *Nós gostamos de cozinhar juntos. Meu irmão é quem prepara a comida aqui em casa. Eu o ajudo. E você, tem irmãos ou irmãs? Você é próxima deles?*

Tenha um bom dia,
Judy."
"Antananarivo, 11 de fevereiro de 2002
Oi Judy!

Sim, eu tenho um irmão mais novo. O nome dele é Nathan. Ele tem oito anos e está no ensino fundamental. Ele ama futebol. **Ele é um pouco indisciplinado**. *Eu não passo muito tempo com o Nathan.* **Como você pode perceber, temos onze anos de diferença.** *Mas eu* **gosto dele.** **Eu cuido dele** *quando meus pais não estão. Você ama muito o seu irmão. Você fala muito sobre ele. Eu gosto do seu relacionamento com o seu irmão. Além disso, ele gosta de cozinhar para a sua família. E você, qual a sua paixão? Conte-me mais sobre você.*

Fabienne."
"Marselha, 16 de fevereiro de 2002
Oi Fabienne,

Minha paixão? Eu não sei... **Por enquanto**, *meu* **objetivo** *é* **terminar o ensino médio**. *Eu reprovei duas vezes no ensino fundamental e uma vez no ensino médio. Eu não sou desleixada com meus estudos.* **Eu só preciso** *trabalhar muito para ter sucesso nos meus estudos.*

Até mais. São dezesseis horas aqui. Estou indo dormir. Não me sinto bem. Estou gripada. A minha mãe me leva ao médico amanhã. Felizmente, é sexta-feira. Eu posso descansar.

Judy."
"Antananarivo, 25 de fevereiro de 2002
Olá Judy,

Eu espero que você se sinta melhor logo. Hoje é o dia 25 de fevereiro. Espero que desde a última carta, você tenha melhorado. **Deseje-me sorte.** Estou estudando para os meus exames agora.

Até mais,
Fabienne."
"Paris, 1 de março de 2002
Oi Fabienne,

Sim, já estou melhor. Estou de férias. Estou escrevendo da cidade de Paris. Eu visito minha prima Melanie. Ela mora em Paris. **Ela está alugando um apartamento.** *Ela estuda inglês, como você. Eu volto para Marselha no dia 7 de março. Eu ainda tenho muitas lições de casa para terminar para este semestre. Boa sorte nos seus exames!*

Judy."
"Marselha, 15 de abril de 2002
Olá Fabienne,

Faz um tempo que você não me escreve. Espero que você esteja bem. Estou enviando esta carta para **perguntar sobre você**.

Judy."
"Antananarivo, 23 de abril de 2002
Olá Judy,

Desculpe-me pelo silêncio prolongado. Recentemente, **eu não estou no clima para escrever**. *Um infeliz evento aconteceu. O irmão mais velho do meu pai* **faleceu**. *Ele era o meu tio favorito. Eu estava muito ocupada com o* **funeral**. *Ao mesmo tempo, eu também tive meus exames. De todas as formas, obrigada pela carta.* **Obrigada por se preocupar comigo. Isto me faz sentir bem.** *Você realmente é minha amiga. Espero que você esteja bem.*

Abraços,
Fabienne."

"Marselha, 27 de abril de 2002
Querida Fabienne,

Minhas sinceras condolências a você e sua família. **Eu tenho uma prova de matemática amanhã.** *Estou revisando o assunto. Denis está ausente.* **Eu sinto saudades dele.** *A casa está um pouco quieta. Você passou nos seus exames?*

Até mais!
Judy."

"Antananarivo, 1 de maio de 2002
Querida Judy,

Hoje é o **Dia do Trabalho**. *Eu estou aproveitando este* **feriado** *para escrever para você. Eu passei nos meus exames. Eu recebi meu diploma. Meus pais estão muito felizes. Quando é o seu aniversário? Meu aniversário é no dia 6 de setembro.* **Estou anexando uma foto minha a esta carta.**

Até mais,
Fabienne."

"Marselha, 7 de maio de 2002
Olá Fabienne,

Você está **linda** *nesta foto. Eu gostei do seu* **vestido** *e da sua* **blusa**. *Desculpe. Eu não enviei minha foto. Eu sou um pouco* **tímida**. *E não sou fotogênica. Estou enviando uma foto do meu cachorro. Esta é a primeira vez que eu o menciono. Ele é um* **cão de colo**. *Seu nome é Algodão. Ele é muito* **carinhoso**. *Você nasceu no dia 6 de setembro? Eu anotei esta data na minha* **agenda**. *Eu vou comprar um presente para você no seu aniversário. Qual a sua cor favorita? Minha cor favorita é roxo. Meu aniversário é no dia 17 de novembro.*

Abraços,
Judy."

"Antananarivo, 12 de maio de 2002
Oi Judy!

Não importa se você enviou sua foto. Algodão é um cachorro muito **fofo**. Mas eu sou alérgica a pelo de cachorros e **gatos**. Minha cor favorita é azul. Eu vou cuidar do meu irmãozinho. **Ele se machucou**.

Até mais!
Fabienne."

"Marselha, 17 de maio de 2002
Boa noite Fabienne,

Diga ao seu irmãozinho para **ter cuidado. Espero que ele esteja bem**. *Você tem um endereço de e-mail, Fabienne? É mais conveniente nos comunicarmos por e-mail. É* **mais rápido**. *Perdemos menos tempo. Aqui está o meu endereço de e-mail: judy.dubois2002@monmail.com* .

Até mais!
Judy."

"Antananarivo, 25 de maio de 2002
Boa noite Judy,

Acabei de criar um endereço de e-mail. **Você está certa**. *Os e-mails são mais práticos.* **Por sinal**, *eu acabei de enviá-la um e-mail. O meu endereço de e-mail estará na mensagem.*

Até mais!

Fabienne."

Vocabulario

Correspondentes	Corrispondenti(M/F)
detalhes	Informazioni
Estou muito feliz em conhcê-la	Sono davvero felice di conoscerti
Eu sou caloura na Faculdade de Artes	Sono una matricola alla facoltà di Arte
Eu estudo inglês na universidade	Studio l'inglese all'università
Próxima vez,	La prossima volta
Preciso ir à aula	Devo andare a lezione
Sua carta me fez sorrir	La tua lettera mi fa sorridere
Você parece ser ótima	Sembri una brava ragazza
área de estudo	Campo di studi
aulas de gastronomia	Lezioni di cucina
Denis é um bom cozinheiro	Denis è un buon cuoco
Ele é um pouco indisciplinado	È un po 'indisciplinato
Como você pode perceber	Come vedi
temos onze anos de diferença	Abbiamo undici anni di differenza
Eu gosto dele	Mi piace
Eu cuido dele	Mi prendo cura di lui
Por enquanto	Per adesso
objetivo	Obbiettivo
terminar o ensino médio	Finire la scuola superiore
Eu só preciso	Devo solo...
Estou indo dormir	Vado a letto
Não me sinto bem	Non mi sento bene
Estou gripada	Ho l'influenza
A minha mãe me leva ao médico amanhã	Mia madre mi porta dal dottore domani
Felizmente	Per fortuna
Eu posso descansar	Posso riposare

Espero que você se sinta melhor logo	Spero che tu ti senta meglio presto
Deseje-me sorte	Augurami buona fortuna
Ela está alugando um apartamento	Sta affittando un appartamento
perguntar sobre você	Chiederti come stai
faleceu	Morto
funeral	Funerale
eu não estou no clima para	Non sono dell'umore giusto per ...
Obrigada por se preocupar comigo	Grazie per esserti preoccupata di me
Isto me faz sentir bem	Mi scalda il cuore
Eu tenho uma prova de matemática amanhã	Ho un esame di matematica domani
Eu sinto saudades dele	Mi manca
Dia do Trabalho	Festa dei lavoratori
feriado	Vacanza
Estou anexando uma foto minha a esta carta	Ti sto allegando una mia foto a questa lettera
linda	Bellissima
vestido	Vestito
blusa	Camicetta
tímida	Timida
cão de colo	Cagnolino
carinhoso	Dolce
agenda	Agenda
Não importa	Non importa
fofo	Carina
pelo de gatos	Peli di gatto
Ele se machucou	Si è fatto male
ter cuidado	Stare attento
Espero que ele esteja bem	Spero che stia bene
mais rápido	Più veloce
Você está certa	Hai ragione

Por sinal   A proposito

Storia 8: Corrispondenze

L'insegnante di francese di Judy le passa i **dettagli** di una ragazza che vive all'estero. Il suo nome è Fabienne. Judy le manda la prima lettera:

"Marsiglia, 14 gennaio 2002

Ciao Fabienne,

Mi chiamo Judy. Mi piacerebbe avere una corrispondenza con te. Sono una ragazza di diciotto anni. Vivo in Francia. Mi piacerebbe incontrarti.

Judy Laroche."

Pochi giorni dopo, Judy riceve una risposta da Fabienne.

" Antananarivo, 22 gennaio 2002

Ciao Judy,

Ho ricevuto la tua lettera. **sono davvero felice di incontrarti**. E sono felice di essere tua amica di penna. Ti auguro un felice anno nuovo. Mi presento, mi chiamo Fabienne e ho diciannove anni. **Sono una matricola alla facoltà di lettere. Studio inglese all'università. La prossima volta** scriverò una lettera più lunga. **Devo andare a lezione**.

In attesa di leggere la tua risposta,

un cordiale saluto da Fabienne, la tua nuova amica."

"Marsiglia, 1 febbraio 2002

Ciao Fabienne,

La tua lettera mi fa sorridere. Ti ringrazio. **Sembri una brava ragazza**. Lascia che mi presenti. Come sai, mi chiamo Judy. Faccio la prima al liceo, e vivo con i miei genitori. Ho un fratello maggiore. Si chiama Denis e siamo molto intimi. Denis si è diplomato al liceo l'anno scorso. Non so quale **campo di studi** sceglierà. Al momento, prende **lezioni di cucina**. Ha talento. **Denis è un buon cuoco.** Ci piace *cucinare insieme. È mio fratello a preparare i piatti a casa. Io lo aiuto. E tu, hai fratelli e sorelle? Sono intimi con te?*

Buona giornata,

Judy."

"*Antananarivo, 11 febbraio 2002*

Ciao Judy!

Sì, ho un fratellino. Il suo nome è Nathan. Ha otto anni e frequenta la scuola elementare. Ama il calcio. **È un po 'indisciplinato.** Non passo molto tempo con Nathan. **Come sai, abbiamo undici anni di differenza.** Ma **mi piace. Mi prendo cura di lui** quando i nostri genitori sono via. Ami molto tuo fratello. Parli molto di lui. Mi piace il tuo rapporto con lui. E poi, gli piace cucinare per la sua famiglia. E tu, quali passioni hai? Dimmi un po' di più su di te.

Fabienne."

"*Marsiglia, 16 febbraio 2002*

Ciao Fabienne,

La mia passione? Non lo so ... **Per adesso**, il mio **obbiettivo è finire la scuola superiore.** Sai, sono stata bocciata una volta alle medie e una alle superiori. Non trascuro i miei studi. **Devo solo** lavorare duro per riuscirci.

A presto. Sono le diciotto a casa. **Vado a letto. non mi sento bene. Ho l'influenza. Mia madre mi porta dal dottore domani. Per fortuna**, è venerdì. **Posso riposare.**

Judy."

"*Antananarivo, 25 febbraio 2002*

Ciao Judy,

Spero che ti senti meglio presto. È il 25 febbraio. Spero che dall'ultima lettera tu sia guarita. **Augurami buona fortuna**. Sto preparando gli esami adesso.

A presto,

Fabienne."

"Parigi,1 marzo 2002

Ciao Fabienne,

Sì, sono già guarita. Sono le vacanze. Ti sto scrivendo dalla città di Parigi. Visito mia cugina Melanie. Lei vive a Parigi. **Sta affittando un appartamento.** E lei è una studentessa di inglese, come te. Ritorno a Marsiglia il 7 marzo. Ho ancora un sacco di compiti per le vacanze da finire per l'anno scolastico. In bocca al lupo per i tuoi esami!

Judy."

"Marsiglia, 15 aprile 2002

Ciao Fabienne,

È passato un po' di tempo da quando hai scritto. Spero che tu stia bene. Ti sto mandando questa lettera per **chiederti come stai**.

Judy."

"Antananarivo, 23 aprile 2002

Ciao Judy,

Mi dispiace per questo silenzio prolungato. Ultimamente, **non ho voglia di scrivere**. È accaduta una cosa triste. Il fratello maggiore di mio padre è **morto**. Era il mio zio preferito. Ero molto occupata con il **funerale**. Nel frattempo, ho anche sostenuto gli esami. In ogni caso, ti ringrazio per la lettera. **Grazie per esserti preoccupata per me. Mi scalda il cuore**. Sei davvero un'amica. Spero che tu stia bene.

Un abbraccio,

Fabienne."

"Marsiglia, 27 aprile 2002

Cara Fabienne,

Ti mando le mie più sincere condoglianze, a te e alla tua famiglia. **Ho un esame di matematica domani.** Sto ripassando. Denis è assente. **Mi manca.** La casa è un po' vipta. Hai passato gli esami?

A presto!

Judy."

"Antananarivo, 1 maggio 2002

Cara Judy,

Oggi è la **Festa dei lavoratori**. Mi sono presa questa **vacanza** per scriverti. Ho superato gli esami. Ho il mio diploma. I miei genitori sono molto felici. Quand'è il tuo compleanno? Il mio è il 6 settembre. **Ti sto allegando una mia foto a questa lettera.**

A presto,

Fabienne."

"Marsiglia, 7 maggio 2002

Ciao Fabienne,

Sei **bellissima** nell'immagine. Mi piace il tuo **vestito** e la tua **gonna**. Scusami. Non ti ho mandato la mia foto. Sono piccola e **timida**. E non sono fotogenica. Ti mando la foto del mio cane. È è la prima volta che ti parlo di lui. È un **cagnolino**. Il suo nome è Cotton. È molto **dolce**. Sei nata il 6 settembre? Prendo nota di questa data sull'**agenda**. Ti faccio un regalo per il compleanno. Qual è il tuo colore preferito? Il mio è il viola. Il mio compleanno è il 17 novembre.

Un abbraccio,

Judy."

"Antananarivo, 12 maggio 2002

Ciao Judy!

Non importa se non mandi la tua foto. Cotton è un cane molto **dolce**. Ma sono allergico ai **peli di cane e gatto**. Il mio colore preferito è il blu. Vado a prendermi cura del mio fratellino. **Si è fatto male**.

A presto!

Fabienne."

"Marsiglia, 17 maggio 2002

Buona sera Fabienne,

Dì al tuo fratellino di **stare attento**. **Spero che stia bene**. Hai un indirizzo email, Fabienne? Conviene di più scriverci per mail. È **più veloce**. Perdiamo meno tempo. Eccoti il mio indirizzo email:*judy.dubois2002@monmail.com* .

A presto!

Judy."

"Antananarivo, 25 maggio 2002

Buona sera Judy,

Ho appena creato un indirizzo email. **Hai ragione**. I messaggi di posta elettronica sono più pratici. **A proposito**, te ne ho appena mandato uno. Il mio indirizzo è in questa e-mail.

A presto!

Fabienne."

Estória 9: Uma paixão pela escrita

Cyril Deguimond é um autor renomado. Ele é o autor de quatorze romances publicados. Ele é conhecido por todo o mundo. Cyril escreveu principalmente livros de fantasia, estórias de detetive e suspense. Cyril é um autor famoso. Ele vende muitos livros por todo o mundo. Cyril acabou de lançar seu décimo quarto romance.

Uma **editora** da imprensa escrita entra em contato com ele pelo telefone. Carine quer entrevista-lo. Ela pede para ele **dar** uma **entrevista**. Cyril marca um horário com ela na sua casa na sexta-feira à tarde.

Na sexta-feira pela manhã, Carine prepara a entrevista. Ela leva uma caneta esferográfica e um **bloco de notas. Ela acessa a internet** para ler sobre Cyril Deguimond. Ela escreve as perguntas para o Cyril. O **celular** da Carine toca. **Ela atende o celular:**

- Alô!
- Alô Carine, é a Christine.
- Oi Christine! **E aí?**
- Vamos viajar este final de semana. Faça as malas. É uma viagem de três dias. Eu vou buscá-la em duas horas.
- Desculpe, não posso ir.
- Mas por quê? Você não trabalha nas sextas-feiras.
- Eu tenho um compromisso importante hoje.
- Um encontro?
- Não, Christine. Eu vou entrevistar o Cyril Deguimond.
- O **escritor** Cyril Deguimond? **Você é sortuda**, Deguimond é meu autor favorito. **Eu leio todos os seus livros.** Eu vou comprar seu novo livro hoje.
- Eu vou pedir um autógrafo. Para você.
- Obrigada!
- Eu trabalho hoje. Mas vamos amanhã pela manhã.
- Certo, vejo você amanhã então.
- Tenha um bom dia, Christine.

- Bom dia para você também, Carine!

Carine desliga o telefone. Ela continua a trabalhar. Às treze e meia, Carine se prepara para ir embora. Ela põe sua caneta, caderno, **lenço, chave do carro, óculos de sol** e celular na sua bolsa.

Às quatorze e quinze, Carine chega na **porta** da casa do Cyril. **Ela aperta** a campainha. Um **segurança** a cumprimenta. Ele pede sua **identidade**. Carine se apresenta e mostra seu distintivo. O segurança pede que ela entre **na propriedade**. Ele acompanha a jovem à sala de estar. **Ele pede que ela sente** em uma cadeira. Então o segurança sai.

Dez minutos depois, Cyril Deguimond chega na sala. **Carine se levanta** para cumprimentá-lo. Cyril é um ótimo homem. Ele tem uma **barba** e é **charmoso. Ele usa óculos.**

- Olá, Sr. Deguimond. Meu nome é Carine Dubois. Eu trabalho para a revista "Florida". Eu sou editora de imprensa. **E é um prazer conhecê-lo.**
- Olá, Senhorita Dubois. Estou muito feliz em conhecê-la.
- Você pode me chamar de Carine.
- Certo, Carine. Está muito quente aqui. Vamos para o jardim.

Há uma mesa, cadeiras e guarda-sol no jardim. Carine e Cyril se sentam.

- Sr. Cyril Deguimond, **obrigada** por me receber **em sua casa**. Você tem uma casa muito bonita.
- Obrigado, Carine. Vamos começar a entrevista. **Eu tenho um dia corrido.**
- Certo. Eu gravo nossa conversa no meu celular.
- Evite perguntas muito íntimas, por favor. Eu não gosto de falar sobre minha privacidade.
- Certo, eu entendo. Então, Cyril Deguimond, **conte-nos sobre seu novo livro.**

- Esta é a história de um alien. Ele tem a aparência de um ser humano. O ser parece uma velha senhora. Ele tem superpoderes. Ele chega no nosso planeta. Então ele testemunha um assassinato. Um policial investiga o assassinato com ele.
- Fascinante. Qual o título do livro?
- "Ilusões".
- **Quanto tempo** leva para você escrever um romance?
- Varia **entre** quatro e vinte e quatro meses.
- Você tem o corpo de um atleta, Cyril Deguimond. Você pratica esportes?
- Sim, de fato.
- Que esporte você pratica?
- Eu corro.
- Você gosta de ler?
- Sim, claro.
- O que você gosta de ler, Cyril Deguimond?
- Um pouco de tudo. Me ajuda a ter inspiração.
- Além de ler, esportes e escrever, quais são seus hobbies?
- Eu gosto de passar tempo com a minha família. Eu gosto de pescar com meu irmão e minha sobrinha.
- Quem são seus autores favoritos?
- Meus autores favoritos são Stephen King e Agatha Christie.
- Você está escrevendo um livro agora?
- Ainda não. Vou tirar férias.
- Seus **leitores** têm perguntas para você. Eu vou perguntar as mais interessantes.
- Certo. Estou escutando.
- Você tem bloqueios criativos?
- Isto acontece comigo às vezes.
- O que você faz quando isto acontece?
- Eu **dou um tempo**. Eu ando. Eu tomo **sorvete** com minha sobrinha. Eu converso com minha sobrinha. Eu vou para o **interior** ... **eu relaxo**.

- Você pensa em escrever estórias de romance?
- Não.
- Obrigada pela entrevista, Cyril Deguimond.
- Foi um prazer. **Obrigado por ter vindo**. Eu a ofereço uma cópia do meu novo livro.
- Ah! Muito obrigada, senhor!

Cyril sorriu.

- Cyril Deguimond, você pode assinar o livro para Christine, por favor?
- Sim, claro. Quem é Christine?
- Christine Dubois é minha irmã mais velha. Ela ama seus livros.

Cyril escreve na primeira página do livro. Carine o agradece e vai para casa.

No próximo dia, Carine oferece o livro à sua irmã. Christine está **extasiada**. Elas pegam o carro e viajam no final de semana.

Vocabulario

escrita	Scrittura
renomado	Rinomato
Ele é o autor de quatorze romances publicados	È autore di quattordici romanzi pubblicati
Ele é conhecido por todo o mundo	È famoso in tutto il mondo
livros de fantasia	Romanzi fantastici
estórias de detetive	Gialli
autor famoso	Autore famoso
Ele vende muitos livros	Vende molti libri
cópias	Copie
por todo o mundo	In tutto il mondo
Uma editora	Un editore
dar uma entrevista	Concedere un'intervista
bloco de notas	Blocco note
Ela acessa a internet	Va su Internet
caneta esferográfica	Penna a sfera
celular	Cellulare
Ela atende o celular:	Prende il telefono
E aí	Come va
Vamos viajar este final de semana	Andiamocene questo fine settimana
Faça as malas	Fai i bagagli
É uma viagem de três dias	È un viaggio di tre giorni
Eu vou buscá-la em duas horas	Ti verrò a prendere tra due ore
Desculpe	Mi dispiace
não posso ir	Non posso venire
Você não trabalha nas sextas-feiras	Non lavori il venerdì
Eu tenho um compromisso importante	Ho un appuntamento importante

Um encontro	Un appuntamento romantico
escritor	Scrittore
Você é sortuda	Sei una ragazza molto fortunata
Eu leio todos os seus livros	Ho letto tutti i suoi libri
Eu vou pedir um autógrafo	Gli chiederò un autografo
Vejo você amanhã então	Ci vediamo domani allora
Tenha um bom dia	Buona giornata
Carine desliga o telefone	Carine mette giù il telefono
lenço	Fazzoletti
chave do carro	Chiavi della macchina
óculos de sol	Occhiali da sole
porta	Portone
Ela aperta	Bussare (bussa…)
segurança	Guardia di sicurezza
na propriedade	All'interno della proprietà
Ele pede que ela sente	Lui la invita a sedersi
Carine se levanta	Carine si alza
barba	Barba
charmoso	Affascinante
Ele usa óculos	Indossa occhiali
É um prazer conhecê-lo	Sono felice di conoscerla
Estou muito feliz em conhecê-la	Sono molto contento di averti conosciuto
Você pode me chamar de Carine	Può chiamarmi Carine
Certo	Ok
Está muito quente aqui	Fa troppo caldo qui
Vamos para o jardim	Andiamo in giardino
Obrigada por me receber em sua casa	Grazie per avermi accolta a casa sua
Eu tenho um dia corrido	Ho una giornata abbastanza impegnativa
Evite	Evitare

Eu não gosto de falar sobre minha privacidade	Non mi piace molto parlare della mia vita privata
Conte-nos sobre seu novo livro	Ci parli del tuo ultimo romanzo
Ser humano	Essere umano
O ser parece uma velha senhora	L'essere vivente sembra una donna anziana
Superpoderes	Superpoteri
Ele testemunha um assassinato	È testimone di un omicidio
Um policial investiga o assassinato com ele	Un poliziotto deve indagare con lui sull'omicidio (a riguardo)
Quanto tempo	Quanto tempo impiega...
Entre	Tra
Você tem o corpo de um atleta	Ha il corpo di un atleta
Você pratica esportes?	Pratica sport?
De fato	In effetti
Que esporte você pratica?	Quali sport pratica?
Você gosta de ler	Le piace leggere
Sim, claro	Sì, naturalmente
O que você gosta de ler?	Cosa le piace leggere?
Um pouco de tudo	Un po' di tutto
Me ajuda	Mi aiuta
Eu gosto de passar tempo com a minha família	Mi piace passare del tempo con la mia famiglia
Eu gosto de pescar com meu irmão e minha sobrinha	Adoro andare a pescare con mio fratello e mia nipote nièce
Ainda não	Non ancora
Vou tirar férias	Ho intenzione di fare una vacanza
leitores	Lettori
Você tem bloqueios criativos?	Le capita di avere il blocco dello scrittore?
Isto acontece comigo às vezes	A volte mi capita

O que você faz quando isto acontece?	Cosa fa quando succede?
Eu dou um tempo	Mi prendo una pausa
sorvete	Gelato
interior	Campagna
eu relaxo	Mi rilasso
Obrigado por ter vindo	Grazie per essere venuta
Você pode assinar o livro para Christine?	Può firmare il libro per Christine?
extasiada	Entusiasta (F/M)

Storia 9: Una passione per la scrittura

Cyril Deguimond è un **rinomato** scrittore. **È autore di quattordici romanzi pubblicati. È famoso in tutto il mondo.** Cyril ha scritto principalmente **romanzi fantastici, gialli** e thriller. Cyril è un **autore famoso. Vende molti libri in tutto il mondo.** Cyril ha appena pubblicato il suo quattordicesimo romanzo.

Un **editore della** stampa scritta lo contatta per telefono. Carine vuole intervistarlo. Lei gli chiede di **fargli un'intervista.** Cyril le dà un appuntamento a casa sua venerdì pomeriggio.

Venerdì mattina, Carine prepara l'intervista. Prende una penna a sfera e un **blocco note. Va online** a leggere di Cyril Deguimond. Scrive le domande per lui. Il **cellulare di** Carine squilla. **Prende il telefono**:

- Ciao!
- Ciao Carine, sono Christine.
- Ciao Christine! **Come va?**
- **Andiamocene questo fine settimana. Fai i bagagli. Ci facciamo un viaggio di tre giorni. Ti verrò a prendere tra due ore.**
- **Mi dispiace. Non posso esserci.**
- Ma perché? **Non lavori il venerdì.**
- **Ho un appuntamento importante** oggi.
- Un **appuntamento romantico**?
- No, Christine. Sto intervistando Cyril Deguimond.
- Lo **scrittore** Cyril Deguimond? **Sei una ragazza fortunata**. Deguimond è il mio autore preferito. **Ho letto tutti i suoi libri.** Comprerò il suo nuovo romanzo oggi.
- **Gli chiederò un autografo.** Per te.
- Grazie!
- Oggi lavoro. Ma partiamo domani mattina.
- Va bene, **Ci vediamo domani allora.**
- **Buona giornata** Christine.
- Buona giornata anche a te Carine!

Carine mette giù il telefono. Lei continua il suo lavoro. Alle tredici e mezza, Carine si prepara ad andarsene. Lei mette la sua penna, il suo taccuino, i **fazzoletti**, le sue **chiavi della macchina**, i suoi **occhiali da sole** e il suo cellulare nella borsa.

Alle quattordici e quindici, Carine arriva al **portone** della casa di Cyril. **Lei preme** il campanello. Una **guardia di sicurezza** la saluta. Lui le chiede l'**identità**. Carine si presenta e mostra il suo distintivo. La guardia di sicurezza la invita ad entrare **all'interno della proprietà**. Accompagna la giovane donna nel soggiorno. **Lui la invita a sedersi** su una sedia. Quindi la guardia di sicurezza esce.

Dieci minuti dopo, Cyril Deguimond arriva nella stanza. **Carine si alza** per salutarlo. Cyril è un gran bell'uomo. Ha la **barba** ed è**affascinante**. **Indossa degli occhiali**.
- Salve sig. Deguimond. Lasci che mi presenti: mi chiamo Carine Dubois. Lavoro per la rivista "fiorai". Sono un'editor per la stampa. E **sono onorata di conoscerla.**
- Salve Signorina Dubois. **Sono molto contento di averti conosciuto.**
- **Può chiamarmi Carine**.
- **Ok,** Carine. **Fa troppo caldo qui. Andiamo in giardino**.

C'è un tavolo, sedie e ombrellone nel giardino. Carine e Cyril si siedono.

- Sig. Cyril Deguimond, **grazie per avermi accolta a casa sua**. Ha una villa bellissima.
- Grazie, Carine. Iniziamo l'intervista. **Ho una giornata impegnativa**.
- Va bene. Registro la nostra conversazione sul mio smartphone.
- **Evitiamo** domande troppo intime, per favore. **Non mi piace molto parlare della mia vita privata**.

- Certo, capisco. Quindi, Cyril Deguimond, **ci parli del suo ultimo romanzo**.
- È la storia di un alieno. Ha l'aspetto di un **essere umano. L'essere vivente sembra una donna anziana.** Ha dei **super poteri**. Arriva sul nostro pianeta. Finisce per diventare **il testimone di un omicidio. Un agente di polizia deve indagare con lui a riguardo.**
- Affascinante. Qual'è il titolo del libro?
- "Illusioni".
- **Quanto ci mette** a scrivere un romanzo?
- Tra i quattro e i ventiquattro mesi.
- **Ha il corpo di un atleta**, Cyril Deguimond. **Pratica sport?**
- **In effetti,** sì.
- **Quali sport pratica?**
- Sto facendo un po' di jogging.
- **Le piace leggere?**
- **Sì, naturalmente.**
- **Cosa le piace leggere**, Cyril Deguimond?
- **Un po' di tutto. Mi aiuta** ad avere l'ispirazione.
- A parte lettura, sport e scrittura, quali sono i suoi altri hobby?
- **Mi piace passare del tempo con la mia famiglia. Adoro andare a pesca con mio fratello e mia nipote.**
- Chi sono i suoi autori preferiti?
- I miei autori preferiti sono Stephen King e Agatha Christie.
- Stai scrivendo un nuovo romanzo in questo momento?
- **Non ancora. Ho intenzione di fare una vacanza.**
- I suoi **lettori** hanno delle domande per lei. Sto per farle le più interessanti.
- Va bene. Sto ascoltando.
- **Le capita di avere il blocco dello scrittore?**

- **A volte mi capita.**
- **Cosa fa quando succede?**
- **Mi prendo una pausa.** Cammino. Mangio del **gelato** con mia nipote. Chiacchiero con lei. Vado in **campagna** ... **mi rilasso**.
- Pensa di scrivere storie d'amore?
- No.
- Grazie per questa intervista, Cyril Deguimond.
- È un piacere. **Grazie per essere qui**. Le offro una copia del mio ultimo romanzo.
- Oh! Grazie mille!

Cyril sorrise.

- Cyril Deguimond, **può firmare il libro per Christine**, per favore?
- Certo, naturalmente. Chi è Christine?
- Christine Dubois è mia sorella maggiore. Ama i suoi romanzi.

Cyril scrive sulla prima pagina del libro. Carine lo ringrazia e torna a casa.

Il giorno dopo, Carine offre il libro a sua sorella. Christine è **entusiasta**. Prendono la macchina e vanno in vacanza per il weekend.

Estória 10: Uma Noite com Amigos

John: Olá!
Martin: Olá John! Como você está?
John: Estou bem, obrigado. E você, como está?
Martin: Estou bem.
John: **O que você vai fazer hoje à noite?**
Martin: **Eu fico em casa,** por quê?
John: Eu o convido para o restaurant hoje, você, Augustin e Carla.
Martin: Certo. **O que está acontecendo?**
John: **Eu tenho um anúncio muito especial para fazer.**
Martin: Qual a novidade?
John: Seja paciente, eu anuncio esta noite.
Martin: Certo!
John: No restaurante "Feed" esta noite às oito horas.
Martin: Ok! Vejo você esta noite!

John: Alô! Oi Carla!
Carla: Oi John!
John: **Onde você está?**
Carla: No trabalho.
John: **A que horas você sai do trabalho?**
Carla: Às seis horas. Por quê?
John: **Você quer sair hoje à noite?**
Carla: Não, obrigada. Estou cansada. Eu vou para casa dormir hoje à noite.
John: Não, você não vai dormir. Vamos ao restaurante hoje à noite.
Carla: Você e eu?
John: Não, somos quatro, com o Augustin e o Martin.
Carla: **Mas eu não tenho muito dinheiro** agora.
John: **Não se preocupe. Eu a estou convidando**.
Carla: Obrigada. **Mas isto me deixa um pouco desconfortável.**
John: Por favor, Carla. **Eu tenho algo importante para contá-los.** Para você e os outros.
Carla: **É uma boa notícia?**
John: Sim, é muito boa notícia.
Carla: Você me intrigou. Certo, eu vou ao restaurante com você hoje à noite.

John: Obrigado Carla! Vejo você hoje à noite então! No restaurante "Feed" às vinte horas. **Não se atrase.**
John: Olá Augustin!
Augustin: Olá John!
John: **Você está livre esta noite?**
Augustin: Sim, é sexta-feira. Eu quero sair esta noite para relaxar.
John: Certo. Eu o buscarei às dezenove e quinze. **Carlos e Martin estão esperando** por **nós** no restaurante às oito horas.
Carla volta às seis e dez. Ela toma banho e veste um **vestido longo** azul. Ela chega no restaurante às dezenove e cinquenta. John, Augustin e Martin chegam quinze minutos depois. John vai à recepção.
John: Boa noite, madame!
Suzie: Boa noite, senhor. **Como posso ajudá-lo?**
John: **Queremos uma mesa para jantar, por favor.**
Suzie: Sim, claro. **Você tem uma reserva?**
John: Não, não reservamos.
Suzie: **Sua mesa estará pronta em alguns minutos.**
John: Obrigado, madame.
Carla: **Podemos ter uma mesa perto da janela,** por favor?
Suzie: Claro!

Sete minutos depois, um garçom chama **os quatro jovens.**
Jimmy: Sua mesa está pronta. **Siga-me, por favor.**
John, Carla, Martin e Augustin sentam à mesa.
Jimmy: Boa noite senhoras e senhoras. Meu nome é Jimmy. Eu sou seu garçom esta noite.
Jimmy entrega **os menus** aos jovens.
Jimmy: **Vocês gostariam de pedir algo para beber antes?**
John: Sim, gostaríamos de uma garrafa do seu melhor champanhe, por favor.
Jimmy traz uma garrafa de champanhe.
Martin: Então, John. Qual é esta grande notícia que você vai anunciar para nós?
John: **Vamos nos divertir um pouco. Eu deixarei que vocês adivinhem.**
Carla: Você vai casar.
John: Não.

Carla: **Você vai ter um bebê.**
John: Não.
Martin: Você vai trabalhar no exterior.
John: Não.
Augustin: **Você ganhou um aumento.**
John: Não.
Carla: Você vai se tornar um **padre**.
John: Não.
Martin: Você trocou de carreira!
Carla: E você vai se tornar uma estrela do rock!
John: Não e não. Carla, **você é engraçada.** E você tem muita imaginação.
Augustin: Você herdou uma **grande fortuna**!
John: Não, mas quase isto, Augustine! **Certo, eu vou contar. Eu ganhei na loteria!**
Augustin, Martin e Carla: Sério?
John: Sim, **eu não estou brincando.** Eu realmente ganhei na loteria!
Martin: **Quanto você ganhou?**
John: **Eu vou manter esta informação confidencial.** Mas vocês vão aproveitar este dinheiro!
Carla: Por que e como?
John: Porque vocês são meus melhores amigos. **Vocês estão sempre me apoiando** nos **momentos bons e ruins.** Vamos viajar juntos por duas semanas. **Eu cubro todos os gastos.**
Martin: Você está falando sério, John?
John: Sim!
Augustin: Mas **você não precisa fazer isto**.
John: **Mas eu quero. Não tenha vergonha.** Eu gostaria de agradecê-los pela sua amizade sincera. **Digamos que este é um presente de agradecimento.**
Carla: Obrigada por nos dar esta viagem! Eu aceito!
Augustin: Eu também.
John: E você, Martin?
Martin: **Certo, eu aceito!**
John: Obrigado, meus queridos amigos!

Jimmy se aproxima da mesa.
Jimmy: **Vocês escolheram?**

Carla: **Eu gostaria de uma canja de galinha,** por favor.
Jimmy: E vocês, senhores?
Martin: Eu quero o mesmo.
Augustin: Eu gostaria de uma salada de massa, por favor.
Jimmy: E você, senhor?
John: **Quais os pratos especiais de hoje?**
Jimmy: Risoto ou gratinado de queijo.
John: Eu gostaria de um gratinado de queijo, por favor.
Jimmy: Certo, senhor. Você quer mais alguma coisa?
Carla: Sim, eu gostaria de uma banana flameada para sobremesa, por favor.
Jimmy: E vocês, senhores, aceitam uma sobremesa?
John: Não, obrigado.
Augustin: Não, eu não quero uma sobremesa.
Martin: Eu também não.

Jimmy vai embora. Quinze minutos depois, ele volta com os **pratos que eles pediram**.
Jimmy: Bon appetite! Se vocês quiserem pedir outras coisas, não hesitem em me chamar.
Os quatro jovens agradecem o garçom e começam a comer. Durante o jantar, **Augustin fala.**
Augustin: **Um brinde à amizade!**
Depois, Jimmy traz a sobremesa da Carla. Então os quatro amigos discutem sua próxima viagem por uma hora. John pede a **conta**. Ele ajusta a conta. Então ele deixa o restaurante com seus amigos. John deixa uma **gorjeta** generosa para o garçom.
Augustin: **Para onde vamos agora?**
Carla: **Estou muito cansada**. Eu vou para casa. Boa noite, garotos!
John: Obrigado! Boa noite, Carla!
Martin: Eu também vou para casa. Eu trabalho amanhã. Tchau!
John e Augustin: Boa noite Martin!
Augustin: **Agora somos os únicos que restaram**, John. Qual o programa desta noite?
John: Eu tenho o DVD de um filme que acabou de sair. Podemos ir para casa e ver o filme juntos.
Augustin: Certo!

Vocabulario

O que você vai fazer hoje à noite?	Che fai stasera?
Eu fico em casa	Rimarrò a casa
O que está acontecendo?	Come mai?
Eu tenho um anúncio muito especial para fazer	Ho un annuncio molto speciale da fare
Vejo você esta noite!	Ci vediamo stasera!
Onde você está?	Dove sei?
A que horas você sai do trabalho?	A che ora finisci di lavorare?
Você quer sair hoje à noite?	Vuoi uscire stasera?
Eu não tenho muito dinheiro	Non ho tanti soldi
Não se preocupe	Non preoccuparti
Eu a estou convidando	Sono io che ti invito
Isto me deixa um pouco desconfortável	Mi metti un po' a disagio
Eu tenho algo importante para contá-los	Ho qualcosa di importante da dirti
É uma boa notícia?	È una bella notizia?
Não se atrase	Non tardare
Você está livre esta noite?	Sei libero stasera?
estão esperando por	Aspettare (Carla e Martin ci aspettano)
vestido longo	Vestito lungo
Como posso ajudá-lo?	Cosa posso fare per lei?
Queremos uma mesa para jantar, por favor	Possiamo avere un tavolo per la cena?
Você tem uma reserva?	Avete una prenotazione?
Sua mesa estará pronta em alguns minutos	Il vostro tavolo sarà pronto in pochi minuti
Podemos ter uma mesa perto da janela?	Potremmo avere un tavolo vicino alla finestra?
os quatro jovens	Quattro giovani

Siga-me, por favor.	Seguitemi, gentilmente
os menus	I menu
Vocês gostariam de pedir algo para beber antes?	Preferireste qualcosa da bere prima?
Vamos nos divertir um pouco	Divertiamoci un po '
Eu deixarei que vocês adivinhem	Vi farò indovinare
Você vai ter um bebê	Avrai un bambino
Você ganhou um aumento	Hai ottenuto un aumento
padre	Sacerdote
você é engraçada	Sei divertente
grande fortuna	Grande fortuna
quase isto	È quasi così
Certo, eu vou contar	Va bene, ve lo dirò
Eu ganhei na loteria!	Ho vinto la lotteria!
Eu não estou brincando	Non sto scherzando
Quanto você ganhou?	Quanto hai vinto?
Eu vou manter esta informação confidencial	Tengo questa informazione per me
Vocês estão sempre me apoiando	Siete sempre lì a sostenermi
nos momentos bons e ruins	Tempi buoni che in quelli cattivi
Eu cubro todos os gastos	Pagherò io tutte le spese
você não precisa fazer isto	Non devi farlo
Mas eu quero	Ma voglio farlo
Não tenha vergonha	Non dovete essere imbarazzati
Digamos que é um presente de agradecimento	Chiamiamolo solo un regalo di ringraziamento
Certo, eu aceito	Va bene, ci sto
Vocês escolheram?	Avete fatto la vostra scelta?
Eu gostaria de uma canja de galinha	Vorrei della zuppa di pollo

Quais os pratos especiais de hoje?	Quali sono le offerte speciali di oggi?
Pratos que eles pediram.	Piatto(i) ordinato(i)
Augustin fala	Parla Augustin
Um brinde à amizade	Brindiamo all'amicizia
conta	Conto
gorjeta	Mancia
Para onde vamos agora?	Allora, dove andiamo ora?
Estou muito cansada	Sono molto stanca
Agora somos os únicos que restaram	Ora siamo gli unici rimasti

Storia 10: Una Serata tra Amici

John: Ciao!
Martin: Ciao John! Come stai?
John: Bene, grazie. E tu?
Martin: Bene.
John: **Che fai stasera?**
Martin: **Resto a casa**, perché?
John: Sei invitato al ristorante stasera, tu, Augustin e Carla.
Martin: Va bene. **Come mai?**
John: **Ho un annuncio molto speciale**.
Martin: Qual è la novità?
John: Sii paziente, te lo dico stasera.
Martin: Va bene!
John: Al ristorante "Feed" stasera alle otto in punto.
Martin: Ok! Ci vediamo stasera!

John: Ciao! Ciao Carla!
Carla: Ciao John!
John: **Dove sei?**
Carla: A lavoro.
John: **A che ora finisci di lavorare?**
Carla: Verso le sei. Perché?
John: **Vuoi uscire stasera?**
Carla: No grazie. Sono stanca. Vado a casa a dormire stasera.
John: No, non dormirai. Stasera andiamo al ristorante.
Carla: Me e te?
John: No, siamo in quattro, con Augustin e Martin.
Carla: **Ma non ho** proprio **tanti soldi** adesso.
John: **Non preoccuparti. Sono io che ti invito**.
Carla: Grazie. **Ma mi metti un po' a disagio**
John: Dai, Carla. **Ho qualcosa di importante da dirti**. A te e agli altri.
Carla: **È una buona notizia?**
John: Sì, è una buona notizia.
Carla: Mi hai incuriosito. Ok, vengo al ristorante con te stasera.
John: Grazie Carla! Ci vediamo stasera allora! Al ristorante "Feed" alle venti in punto. **Non tardare**.

John: Ciao Augustin!
Augustin: Ciao John!
John: **Sei libero stasera?**
Augustin: Sì, è venerdì. Mi piacerebbe uscire stasera, per rilassarmi.
John: Perfetto. Ti vengo a prendere alle diciannove e un quarto. **Carla e Martin ci** aspettano al ristorante alle otto in punto.

Carla ritorna alle sei e dieci. Fa una doccia e indossa un **lungo vestito** blu. Arriva al ristorante alle diciannove e cinquanta. John, Augustin e Martin arrivano cinque minuti dopo. John va alla reception.

John: Buonasera signora!
Suzie: Buona sera signore, **cosa posso fare per lei?**
John: **Possiamo avere un tavolo per la cena, per favore?**
Suzie: Sì, naturalmente. **Avete una prenotazione?**
John: No, non abbiamo prenotato.
Suzie: **Il vostro tavolo sarà pronto in pochi minuti.**
John: Grazie signora.
Carla: **Potremmo avere un tavolo vicino alla finestra**, per favore?
Suzie: Ovviamente!

Sette minuti dopo, un cameriere chiama i **quattro giovani**.

Jimmy: Il vostro tavolo è pronto. **Seguitemi, gentilmente.**

John, Carla, Martin e Augustin si siedono al loro tavolo.

Jimmy: Buonasera signore e signori. Mi chiamo Jimmy. Sarò io a servirvi questa sera.

Jimmy dà **i menu** ai giovani.
Jimmy: **Preferireste qualcosa da bere prima?**
John: Sì, vorremmo una bottiglia del vostro miglior champagne, per cortesia.

Jimmy porta una bottiglia di champagne.

Martin: Quindi, John. Qual è questa grande notizia che devi darci?
John: **Divertiamoci un po**. **Vi farò indovinare**.
Carla: Ti sposerai.
John: No.
Carla: **Avrai un bambino**.
John: No.
Martin: Lavorerai all'estero.
John: No.
Augustin: **Hai un aumento**.
John: No.
Carla: Diventerai un **sacerdote**.
John: No.
Martin: Tu cambierai carriera!
Carla: E diventerai una rockstar!
John: No e no. Carla **sei divertente**. E hai molta immaginazione.
Augustin: Hai ereditato una **grande fortuna**!
John: No, ma è quasi così, Augustine! **Va bene, ve lo dirò**. **Ho vinto la lotteria!**
Augustin, Martin e Carla: Veramente?
John: Sì,**non sto scherzando**. Ho davvero vinto la lotteria!
Martin: **Quanto hai vinto?**
John: **Devo tenerlo per me**. Ma ve li godrete tutti questi soldi!
Carla: Perché e come?
John: Perché siete i miei migliori amici. **Siete sempre a sostenermi** sia nei **tempi buoni che in quelli cattivi**. Andremo in vacanza insieme per due settimane. **Pago tutte le spese**.
Martin: Sei serio, John?
John: Sì!
Augustin: Ma lo sai, **non sei costretto farlo**.
John: **Ma voglio farlo**. **Non dovete essere imbarazzati**. Vorrei ringraziarvi per la vostra sincera amicizia. **Chiamiamolo solo un regalo di ringraziamento**.
Carla: Grazie per averci regalato questo viaggio! Ci sono!
Augustin: Anche io.
John: E tu, Martin?
Martin: **Va bene, ci sto!**
John: Grazie miei cari amici!

Jimmy si avvicina al loro tavolo.
Jimmy: **Avete fatto la vostra scelta?**
Carla: **Vorrei della zuppa di pollo**, gentilmente.
Jimmy: E voi, signori?
Martin: Prenderò lo stesso.
Augustin: Vorrei un'insalata di pasta, per cortesia.
Jimmy: E lei, signore?
John: **Quali sono le offerte speciali di oggi?**
Jimmy: Risotto o gratin al formaggio.
John: Vorrei un gratin di formaggio, per cortesia.
Jimmy: Bene, signore. Desiderate altro?
Carla: Sì, vorrei una banana flambé come dessert, gentilmente.
Jimmy: E voi, signori, gradite un dolce?
John: No grazie.
Augustin: No, non prenderei il dessert.
Martin: Neanche io.

Jimmy si allontana. Quindici minuti dopo, ritorna coi **piatti ordinati**.
Jimmy: Buon appetito! Se vuoi ordinare altri piatti, non esitare a chiamarmi.

I quattro giovani ringraziano il cameriere e iniziano a mangiare. Durante la cena, **parla Augustin**.

Augustin: **In alto i bicchieri, all'amicizia!**

Più tardi, Jimmy porta il dolce di Carla. Quindi i quattro amici discutono della loro prossima vacanza per un'ora. John chiede il **conto**. Lo paga. Quindi lascia il ristorante coi suoi amici. John lascia una generosa **mancia** al cameriere.

Augustin: **Allora, dove andiamo ora?**
Carla: **Sono molto stanca**. Vado a casa. Buona notte ragazzi!
John: Grazie! Buona notte Carla!
Martin: Anch'io andrò a casa. Lavoro domani. A presto!
John e Augustin: Notte Martin!
Augustin: **Ora siamo gli unici rimasti**, John. Qual è il programma stasera?

John: Ho il DVD di un film uscito da poco. Possiamo andare a casa e guardarlo insieme.
Augustin: Ci sto!

Printed by Amazon Italia Logistica S.r.l.
Torrazza Piemonte (TO), Italy